Projeto Secreto Universos

Projeto Secreto Universos

Silvia Malamud Kormes

Colaboração de
Djalma Gomes de Lima

Editora Gente

Editora
Rosely M. Boschini

Assistente editorial
Rosângela Barbosa

Produção
Marcelo S. Almeida

Preparação
Maria Alayde Carvalho

Revisão
Célia Regina R. de Lima

Capa
Syncromkt

Diagramação
Join Bureau

Rua Pedro Soares de Almeida, 114
São Paulo, SP – CEP 05029-030
Telefone: (11) 3670-2500
Site: http://www.editoragente.com.br
E-mail: gente@editoragente.com.br

Dados Internacionais de Catalogação na Publicação (CIP)
(Câmara Brasileira do Livro, SP, Brasil)

Kormes, Silvia Malamud
Projeto Secreto Universos / Silvia Malamud Kormes ; colaboração Djalma Gomes de Lima. – São Paulo : Editora Gente, 2006.

ISBN 85-7312-506-3

1. Espiritismo 2. Espiritualidade 3. Morte (Espiritismo) 4. Vida futura I. Lima, Djalma Gomes de. II. Título.

06-4479 CDD-133.9013

Índices para catálogo sistemático:

1. Vida após a morte : Espiritismo 133.9013

Este livro é dedicado ao prazer e ao ganho de conhecimento advindos das nossas relações com tudo o que existe. E também ao universo das emoções.

Agradecimentos

Desejo agradecer a todos os meus companheiros de jornada, que de algum modo contribuíram para a construção desta ficção, especialmente a Arnoldo, Betina e Bruno, pelo carinho e suporte que sempre me deram. Agradeço também a Djalma, por sua fundamental colaboração. E a Roberto Shinyashiki e a toda equipe da Editora Gente pelo precioso apoio e comprometimento dedicados para materialização deste livro.

Apresentação

Este livro fala de consciências que são planetas (locais) distantes, mas que funcionam como uma metáfora da nossa espécie.

Os seres desta história criam realidades por meio do pensamento. Nós também podemos fazer isso. Alguns o fazem com consciência, outros sem ela.

Esta é a narrativa de uma grande viagem em busca da lucidez sobre "o que" e "quanto" podemos fazer.

E sobre o que podemos ser...

1

Júlia pensou que fosse muito mais rápido, afinal não é todo dia que nos encontramos com a morte — ou será que é?

Esses pensamentos já bastavam para lhe demonstrar que a morte era muito mais demorada do que imaginara. Os segundos pareciam caminhar mais lentamente, os sons pareciam vir de um lugar distante.

O vento gelado que, segundos atrás, açoitava seu rosto tornara-se morno, reconfortante. Todas as sensações pareciam ter cessado, e apenas uma única certeza pairava em seu fatídico momento: "Estou me encontrando com a morte".

Cinco minutos antes, quando comemorava o primeiro salto autônomo de pára-quedas, sua atenção não estava voltada para o fim da vida. Cinco minutos antes, pensara em seu filho, a lhe dizer que aquilo era loucura, pensara em sua amiga Ruth a sugerir que gastasse o dinheiro com outra coisa. Mas, enfim, o dinheiro era dela, o aniversário era dela, e agora, depois de sua vida ter mudado completamente após a separação, era a esse momento de loucura que ela queria entregar-se. A quente sensação da insensatez: saltar sozinha de pára-quedas para comemorar seu trigésimo oitavo aniversário.

Júlia já saltara antes de pára-quedas, mas a presença do instrutor em suas costas, dizendo coisas como "pode gritar!", "este momento é só seu!", "liberdade é isso!" e outros chavões, além de algumas gracinhas, havia tirado todo o brilho do momento. Na verdade, aquele sorriso "cheio de vontade de agradar" do instrutor sempre a incomodara, mas mesmo assim sentia ser um mal necessário.

Mas agora estava sozinha. Agora eram ela e o céu. A despeito de todos os conselhos, em plena tarde de sol de domingo e após ter completado seis meses de curso, lá estava, à porta da pequena aeronave, pronta para encarar a imensidão.

A sensação de saltar de um avião em pleno ar era como mergulhar na água e não sentir falta de oxigênio. Era a mudança de um mundo para outro em milésimos de segundo. Júlia estava perto de passar para esse outro mundo, muito mais desconhecido a princípio – ou não?

Ali, sozinha, a visão da paisagem lá embaixo e a sensação da queda trouxeram-lhe um antigo sentimento de familiaridade, como se já tivesse feito isso muitas e muitas vezes. O momento era maravilhoso, e ela sabia: uma sensação de liberdade e de poder. Mas, finalmente, achou que seria melhor puxar a corda do pára-quedas e voltar ao mundo das pessoas que têm peso.

De início, Júlia tomou um susto quando seu pára-quedas não inflou, tornando-se apenas um pano solto no céu. Com calma, recomendada tantas vezes durante o treinamento, acionou o pára-quedas de reserva. A lona se abriu, e seu corpo parou de cair subitamente, interrompendo-se a queda rápida.

Um sentimento de alívio e decepção tomou conta dela ao sentir seu peso novamente. Alívio por escapar do perigo, decepção por não mais estar voando. Mesmo assim ainda contemplou a paisagem com calma. Tinha, porém, a sensação de perder o interesse a cada segundo. Não se sentia livre, pelo contrário, as cordas davam-lhe a impressão de estar presa a uma cela, presa àquele corpo.

O sentimento durou pouco, pois o pára-quedas se enrolou sobre si mesmo, transformando-se numa tira de pano solta ao vento.

Foi como se alguém a estivesse segurando e repentinamente a soltasse para cair no chão. Nesse momento soube que ia ao encontro da morte. Mas não sentiu o medo provocado pelo instinto de preservação da vida que toda a espécie humana tem, e sim a resignação e a calma trazidas pela consciência de que não havia alternativa.

"Melhor assim", pensou Júlia. Não se sentia pega de surpresa. Parecia um encontro marcado anos antes. Na verdade, toda a sua vida parecia estar caminhando para aquele momento.

Nesse instante sentiu que o tempo passava lentamente, como se tivesse sido expandido. Os segundos não duravam apenas segundos, duravam minutos. Os minutos valiam horas, e as horas, dias. Pensou no filho por um momento, o filho, agora distante com um piercing na sobrancelha, como se fosse uma ofensa a sua pessoa, que detestava aquilo. Pensou na possível causa da aparente indiferença do filho em relação à vida. Pensou no ex-marido, que saiu pela porta em direção a uma mulher mais nova. Pensou, por incrível que pareça, nas revistas femininas que mostravam uma mulher madura, independente e produtiva, que só encontraria a felicidade, porém, se estivesse com um homem ao lado. Pensou em seu emprego e nas coisas que precisava fazer na segunda-feira, na colega de trabalho e amiga Ruth, que vivia seguindo os conselhos das revistas femininas e queria que ela também os seguisse.

Envolvida por esses pensamentos, Júlia nem sentiu os galhos da árvore que ficavam entre ela e o lago, um pouco mais abaixo. Mas sentiu o choque com a água. Bateu com enorme impacto no líquido frio, como se estivesse sendo arremessada a uma parede e todos os seus ossos se quebrassem de uma só vez, transformando-lhe o corpo em uma massa mole. Sentiu-se desmaiar imediatamente. Na verdade, perguntou a si mesma se não estaria desacordada desde que saltara do avião. Em nenhum momento, porém, perdeu a consciência.

Não sentiu dor. Não teve tempo para isso. Estava flutuando no escuro. Sem frio, dor nem luz. "Então morrer é assim", pensou. Tudo escuro — pelo menos por um momento.

2

Era uma discussão como tantas outras. Ao seu lado, dirigindo o carro, seu futuro ex-marido. Atrás, o filho, o olhar perdido na paisagem noturna da cidade grande.

— Júlia, para que sair da cidade?

— Eu preciso de mato, de verde.

— Mas no condomínio temos muito mato. Há um monte de árvores.

— Você chama aquilo de mato? Aquelas arvorezinhas plantadas umas ao lado das outras? Eu quero terra! Eu quero passarinho!

— Você quer é aranha entrando pela janela, pernilongo picando a gente a noite inteira, cobra debaixo da cama.

— Não faça terrorismo. Tínhamos combinado pensar sobre isso.

— Não é terrorismo. E já falamos sobre isso.

— Eu não me lembro de termos falado sobre esse assunto seriamente.

— Quer saber? Eu acho que você quer fugir da realidade.

— De novo essa conversa?

— Primeiro aquela história de fazer essa caminhada no meio do mato, que vai de nada para lugar nenhum.

— Puxa, mas você pega muito pesado. Abri meu coração e veja só o que recebo em troca! Sempre disse que entrar em contato com a natureza me faz bem. Você sabe quanto me sinto renovada quando faço isso. Não é uma fuga.

O semáforo à frente mudou de verde para amarelo.

Ronaldo parou o carro antes de cruzar o semáforo, agora vermelho. Virou-se para a mulher, como que num desabafo.

— Fuga da realidade, sim, senhora. Nosso trabalho está na cidade, nossos amigos estão na cidade. E você quer mato, quer andar no meio do mato. Isso tudo é medo.

— Eu não tenho medo.

— Ah, é medrosa, sim! Você não agüentaria nem uma semana morando numa casa no meio do nada. Falta coragem. Coragem!

Júlia viu a luz do semáforo voltar ao verde. Ronaldo acelerou o carro. Já tinha ouvido aquelas palavras incontáveis vezes. Ele sempre dizia que ela não tinha coragem, que era fraca e não sabia o que queria da vida. Falta coragem... Falta coragem!

— Falta, é?

— O que você está fazendo?

Tudo aconteceu muito depressa. Júlia quase sempre tinha essa impressão, que as coisas importantes de sua vida aconteciam de um momento para outro.

E foi de um momento para outro que Ronaldo percebeu que ela abrira a porta do carro para sair... "Sair para onde, meu Deus? Ela é louca!"

Vindo do nada, um homem de rosto e roupas sujas encostou-se à janela.

— Passa a carteira! A carteira!

Ronaldo brecou. Desviou a atenção da esposa, que saía do carro, e notou o nervosismo do indivíduo. Viu seus olhos brilhantes sob o efeito de algum alucinógeno de baixa qualidade. O cano frio da arma apontava seu rosto. Uma sirene de viatura policial chamou a atenção dos dois. Júlia estava no chão, caída a alguns metros da porta do carro.

A tensão da mão do assaltante fez disparar o gatilho, já trêmulo. O tiro passou a poucos centímetros do rosto de Ronaldo. O menino sufocou um grito, mas não conseguiu conter-se inteiramente e molhou o banco traseiro do carro.

Um último olhar do assaltante para Ronaldo, e depois a fuga desabalada.

Gritos de policiais. Tiros. O assaltante virou-se no meio da correria para dar mais um tiro. Os faróis do carro de Ronaldo iluminaram seu rosto assustado. Era ainda uma criança. Ronaldo o viu caído no chão, à frente de seu carro.

Por um momento, o silêncio dominou aquela cena. Júlia surgiu na porta com o vestido rasgado, mostrando a perna arranhada pelo asfalto.

— Rodrigo!

Júlia pulou sobre o banco dianteiro e agarrou o filho, com o instinto da mãe que vê sua cria em perigo. Em seguida voltou-se para o marido e abraçou-o violentamente, soluçando. Ronaldo, ainda em silêncio, tinha agora o olhar fixo no banco dianteiro. Júlia acompanhou o olhar dele. No banco, um buraco de bala na altura do peito, exatamente onde, instantes antes, ela estivera.

Tudo de mais importante em sua vida parecia acontecer em segundos.

3

Ela não tinha nome nem aquilo que, aqui, chamamos de "nome" ou mera identificação. Já havia passado por vários nomes e, onde estava, isso não tinha o menor significado, inclusive não era "ela", como conhecemos aqui, numa qualificação sexual. Mas, em razão do caminho que percorrerá, vamos categorizá-la de "ela" e lhe dar um nome: Blue. Em breve saberemos de onde veio esse nome.

Pois Blue era (e continua sendo) uma "consciência".

Blue estava sendo chamada. Nada como: "Hei, Blue! Venha cá para batermos um papo!" Era mais como se ela fosse uma estação de rádio e quem a chamasse teria de entrar em sua freqüência.

Onde quer que estivesse, Blue atendeu ao chamado e foi ao encontro do Professor. Não era um mestre no sentido que conhecemos, e sim na acepção de um cientista e seu pupilo: "Faça parte de minha pesquisa, vá a campo e compartilharemos os resultados".

Os dois não conversaram, simplesmente entraram na mesma freqüência. Não houve diálogo, apenas trocaram informações em "bloco". O que havia para ser dito já fora dito. O que havia para ser respondido já fora respondido no momento em que ambos "sintonizaram". E então se afastaram, cada um com sua função.

Chato, não é? A princípio pode parecer assim.

Se esse fenômeno, porém, pudesse ser "traduzido" para uma linguagem que tivesse palavras, expressões e conceitos, como a nossa, seria mais ou menos assim:

— Creio que se aproxima o melhor momento de iniciar sua parte da pesquisa.

— Ainda preciso de mais preparo para a adaptação. São muitos procedimentos diferentes para entrar nesse universo.

— Esse é um mundo mais simples que o nosso. As adaptações podem ocorrer durante o processo.

Alguma coisa fora revirada no interior de Blue e rapidamente ignorada. Algo como uma sacudidela em sua essência. Se Blue tivesse emoções, sentiria uma pontada de contrariedade. Sua percepção indicava que deveria observar mais aquele planeta que habitaria. O Professor, porém, achava que sabia de tudo. "Quem era ele, afinal? Não seria ele que partiria para um planeta totalmente diverso, repleto de costumes e tradições tão incompreendidos por sua raça." As emoções, por exemplo, tinham sido banidas havia muito, pois num tempo distante quase causaram a extinção de toda a espécie.

Blue não queria pensar nisso naquele momento, apenas discordara do Professor, mas sabia que ele tinha mais conhecimentos, portanto sua orientação devia estar certa.

O Professor e sua raça julgavam o mundo (o nosso) inferior, basicamente devido à existência das emoções e do conceito de linha do tempo.

Tanto para Blue quanto para o Professor e todos os demais de sua espécie, o tempo não existe do modo como o concebemos aqui. Para eles, passado, presente e futuro ocorrem num só agora, ou seja, tudo coexiste. Já a maioria dos seres humanos tem a experiência de começo, meio e fim de suas criações e pode validar o que realizou pensando: "Não tinha antes e agora tenho" ou "Ele fez isso para mim dez anos atrás" ou ainda "Desde pequena sou desse modo e ainda planejo pensando no futuro". Para aquele povo, os seres humanos ainda não haviam percebido que esse tipo de construção da realidade não é tão fixo nem tão exato quanto pressupunham nem que sua identidade pessoal independe totalmente desse conceito linear de tempo. À medida que percebessem esse fato — e só o fariam quando se tornassem mais responsáveis e conscientes —, poderiam alterar a própria história e o caminho da humanidade promovendo o verdadeiro ato ininterrupto de criação consciente.

Tanto para Blue quanto para seus colegas e também para o Professor, a evolução do cérebro humano revelara-se por demais interessante. Era inédito observar a temporalidade daquele ser que no início do processo evolutivo saltara das árvores para caminhar pela Terra com seu pequeno cérebro localizado um pouco acima do pescoço e que este, dinamizado pelo próprio desenvolvimento, aumentara de dimensão ao longo do tempo e ampliara as possibilidades desse mesmo processo de evolução. Da parte inferior, ligada à sobrevivência e aos instintos, ele se expandira para cima e para a frente. A necessidade de viver em sociedade, ainda que para garantir a sobrevivência, também aumentou o tamanho do cérebro humano. A necessidade de criar leis e métodos desenvolveu a capacidade do órgão, que acompanhava a expressão daquele ser. Finalmente, sempre para cima e para a frente, o cérebro desenvolvera as áreas corticais referentes às emoções, como medo, amor, ódio, conforto. E lá estava o ser humano, evoluindo ainda em relação às próprias emoções, mas aprendendo a usá-las para desenvolver a luta, o poder e a posse em vez de aplicá-las como poderosa ferramenta de autoconhecimento no intento de conquistar maior autonomia e tornar-se mais cônscio de si mesmo em suas reais possibilidades. Por isso, naquele momento, a humanidade se encontrava em profundo conflito.

Como usar a emoção para avançar, quando a evolução continuava apenas seguindo o enfoque de uma falsa segurança de sobrevivência? Como encarar a sobrevivência de maneira mais ampla, transferindo o enfoque daquilo que era mais adequado para a luta, o poder e a posse para um objetivo mais nobre, talvez ainda desconhecido?

Naquele momento de impasse fatídico da raça humana é que Blue teria de fazer sua "pesquisa de campo". Para nós seria como se pegássemos nossa mochila e passássemos dez anos estudando a vida dos besouros da Indonésia, mas, para fazer a tal pesquisa, tivéssemos de adquirir os mesmos hábitos desses besouros. Nós nos tornaríamos besouros para entender outros besouros sem esquecer que somos criaturas humanas.

O Professor dirigiu-lhe uma espécie de voto de boa sorte e Blue iniciou os preparativos, ou melhor, começou a conexão com o que seria sua experiência. E isso ocorreria durante um bom tempo, ao menos com relação a nossos padrões — pelo tempo de uma vida...

4

Blue fez um esforço imenso para "vibrar" na sintonia daquele mundo. À medida que se encaixava no que seu povo chamava de "sintonia inferior" por ser mais "densa", perdia simultaneamente a consistência etérea e adquiria um corpo físico. Bem distinto do nosso, é claro, mas semelhante ao que chamamos de "fantasma". Um filme fotográfico de alta sensibilidade poderia, com muita sorte, captar a essência de Blue naquele momento.

E Blue viu Júlia saltar de pára-quedas. Sabia que chegara o momento de conectar-se com sua colega de trabalho. Para Blue, Júlia encerrava um ciclo da pesquisa, e agora era sua vez de continuar numa nova fase.

Júlia, em sua jornada, sempre fora uma transdutora, ou seja, uma pessoa que se torna uma espécie de "canal" de transmissão para outros locais de todas as informações vivenciadas. Um transdutor pode ser uma consciência nascida aqui cuja origem, porém, é de outro planeta. Ao atuar aqui, recebendo informações, cabe a ela comunicar tudo a sua equipe extraterrestre.

E agora Júlia voltaria para sua "casa", para sua origem, com outros padrões de informação mais específicos e preciosos.

Até aquele momento, a consciência que chamamos de "Júlia" experimentara as emoções humanas desde o nascimento de seu corpo até o momento em que se desprenderia dele. Tudo fora profundamente planejado, inclusive a confusão e o esquecimento que aquela consciência sentiria no momento em que fosse acoplada ao pequeno corpo no ventre da criatura que, por muitos anos, chamaria de "mãe".

O esquecimento se deu principalmente pelo fato de a consciência de Júlia se encontrar num padrão muitíssimo diferente do daquele corpo que ocuparia. Durante o tempo em que esteve no ventre de sua mãe, Júlia experimentara uma indescritível sensação de desconexão, como se pouco a pouco perdesse a referência de aspectos importantes de sua real identidade. Era difícil, para a amplitude de sua consciência, conceber a própria prisão em um pequeno organismo sujeito a determinadas leis e a regras específicas de sua raça. A cada instante tentava adaptar seus conhecimentos e organizá-los em minúsculas células. Começava, gradativamente, a penetrar o que tange o universo humano. Começava a sentir. E sentia dor. Muita dor. Uma sensação que havia muito seu povo esquecera era agora revivida por ela com enorme intensidade. A pesquisa corria grande risco, e Júlia só não se desprendeu daquele corpo devido a outra incrível impressão — uma sensação que ela, por não conhecer, não conseguia nomear, mas nós, seres humanos, chamamos de "conforto" ou "carinho".

5

A ambulância corria pelas ruas da cidade desviando-se do trânsito lento. Um médico media a pressão da mãe de Júlia. Em seu ventre estava a própria Júlia, com pouco menos de seis meses de gestação. A mãe sentia dores terríveis. Não entendia o que estava acontecendo. Era uma mulher saudável, e o bebê se desenvolvia bem, embora se mexesse pouco.

E agora aquela dor.

— Você precisa se acalmar. O hospital está perto.

— Não consigo, está doendo muito.

— Se não se acalmar, vai adiantar o parto.

A mãe de Júlia tentou acalmar-se, mas isso se tornava difícil com tanta dor. Ainda não era o momento.

Enfim a ambulância chegou. Correria, macas, enfermeiros. O pai de Júlia estava trabalhando, como sempre. Médicos. Radiografias. Pressão novamente. Precisariam fazer o parto. A mãe estava correndo risco. E o bebê? Um olhar frio do médico. Não era preciso dizer nada. O corpo de Júlia ainda não estava totalmente formado, ela sabia.

Por um momento, a mãe de Júlia ficara sozinha, agonizante, quase desacordada. Tinha a impressão de que podia pegar a dor, segurá-la com ambas as mãos. E foi isso que fez. Agarrou-se à dor. Segurou-a como se fosse um facho de luz muito frio. Não que isso diminuísse a dor, mas foi nesse exato momento que perdeu completamente os sentidos.

Não sabia se estava sonhando ou delirando. Apenas sabia que sentia dor. A dor, porém, podia ser controlada ou ignorada naquele momento. O ambiente era escuro e ela não estava sozinha. Sentia-se, na verdade, observada, conduzida. Locomoveu-se pelo ambiente no meio da escuridão.

Pensou em sua filha e percebeu que a criança estava próxima. Embora não pudesse tocá-la, sentia que a dor vinha dela. "Como uma criança pode agüentar tanta dor?"

Pensou com mais força na filha. Pensou que gostaria de falar com ela. A seus pés surgiu uma menina de cabelos longos, deitada no chão frio.

Viu a filha a seus pés, sofrendo como se sentisse cólicas, o rosto voltado para o chão. Ela então se sentou, acomodou a filha no colo e acariciou seus cabelos.

A menina tremia, e a mãe sentiu que seu corpo se tornava transparente em alguns momentos, como se lutasse para ficar visível. A mãe tentou falar, mas não conseguiu emitir uma palavra. Lembrou-se então de uma cantiga. Uma música que sua mãe cantara anos atrás. Pensou nela, e o pensamento tornou-se uma espécie de som. Júlia, ainda tremendo, conseguiu entrar em sintonia com esse som e aos poucos foi se envolvendo no significado daquele momento. Ela, que estava quase assumindo sua forma original, apegou-se com todas as forças àquele som, pois ele diminuía sua dor.

A sintonia com aquele som aos poucos lhe deu conforto. Sentiu que não estava mais no frio, e sim envolvida por alguma coisa muito aconchegante. Percebeu que podia captar imagens perto de seu centro de atenção e viu que não estava sozinha. Aquele som vinha de alguém muito próximo, de alguém que a carregava. Aos poucos a imagem de uma mulher se formou em sua frente. Ela sorria.

A mãe de Júlia contemplou aquele olhar cheio de dúvidas, mas confortado. O corpo da menina estava agora mais consistente. A dor parecia ter ido para algum lugar muito distante. Júlia olhou para si mesma e viu o próprio corpo materializar-se. Olhou novamente para sua mãe e também sorriu. Um cansaço imenso tomou conta dela. Sentia-se coberta e aquecida. Lentamente fechou os olhos e adormeceu num sono tranqüilo e reconfortante como havia muito não desfrutava.

A mãe percebeu que sua filha estava salva. Sentia-se também muito cansada e, com a menina protegida em seu colo, adormeceu.

Horas depois acordou em um quarto do hospital. Ao seu lado estava o marido, que cochilava. Pousou a mão no ventre e percebeu que a criança permanecia lá. O parto não fora necessário. Respirou profundamente e desfrutou o alívio por um instante. Lembrava-se de todo o sonho. Sonho?

Com uma das mãos sempre sobre o ventre, tocou com a outra a cabeça do marido. Ele despertou com um sobressalto.

— Sua pressão baixou momentos antes da operação. O médico resolveu esperar. Graças a Deus, agora está tudo bem. O bebê também.

A mãe de Júlia chorou e adormeceu agradecida pela oportunidade que tivera de salvar sua filha.

6

Para decepção da equipe, Júlia esquecera o objetivo de sua pesquisa. Essa, porém, era uma possibilidade prevista. Afinal, havia muitas informações a compactar em um "corpo inferior". O objetivo era conhecer as emoções e tentar entender o estágio pelo qual passava o ser humano, mas sem esquecer a própria origem. No retorno a seu planeta, deveria fazer um longo relato de toda a experiência. Outro objetivo era evitar a revelação de seu destino, mantendo-se discreta para não interferir na apuração dos fatos. Para isso toda a sua vida, do nascimento ao que chamamos de morte, fora programada. Ao acoplar-se ao corpo de um ser humano, grande parte da memória de Júlia fora confinada em um ponto diminuto de seu cérebro. Isso fora necessário. A limitação física daquele cérebro simplificado não conseguiria armazenar o imenso volume de informações interdimensionais que possuía. Inúmeras novas conexões teriam de ser feitas no cérebro para que pudesse haver o ajuste perfeito da expansão da consciência de Júlia no tipo de universo que passaria a habitar.

A esperança era de que ela recobrasse a memória do modo mais natural possível e, ao longo de seus anos terrestres, gradativamente fosse ampliando seus canais de percepção superior.

Na época em que Júlia nasceu, também existiam famílias que buscavam um caminho de evolução por meio da percepção avançada de si mesmas. Eram pessoas que não se preocupavam exclusivamente com luta, poder e posse e acreditavam que a vida não se limitava ao mundo material.

Certamente que Júlia poderia ser inserida em uma família semelhante, mas esse não era o objetivo da pesquisa. Ela precisaria justamente estar no meio de pessoas que vivessem sem esse tipo de meta existencial. Por isso tornou-se a filha de um poderoso advogado e deveria casar-se com um médico, talvez filho de um cliente de seu pai. Nenhum deles alimentaria preocupações que transcendessem o rumo de suas vidas.

Sua mãe, que lhe salvara a vida ainda no ventre, morrera de câncer no final da infância de Júlia, e esse foi um grande choque. Era muito ligada à mãe. O pai continuou com seu trabalho de advogado e parecia estar sempre muito ocupado. Como acreditava que não conseguiria criar a menina sozinho (embora Júlia já estivesse saindo da infância), tratou de se casar novamente com uma divorciada que trazia a tiracolo outra filha. Assim, Júlia ganhou uma madrasta e uma "irmã" um pouco mais velha. A madrasta, porém, interessava-se muito mais pelos garotos que saíam com a própria filha do que com a filha adolescente de seu novo marido.

Naquela altura da vida, Júlia já se esquecera completamente do projeto responsável por seu nascimento, embora às vezes sonhasse com imagens estranhas e tivesse a sensação persistente de estar sendo observada.

Quando criança, falava com uma amiga invisível. No começo, ela se assustou um pouco. Parecia-lhe que alguém estava às suas costas, mas, quando se virava para olhar, nada via. Falou com a mãe sobre a pessoa que ficava olhando sem parar para ela. Esta perguntou a idade da pessoa. Júlia não sabia e resolveu perguntar. Como não obtivesse resposta, imaginou uns 7 anos, a sua idade. Perguntou pelo nome, certo dia, e também não obteve resposta. Quis lhe dar um nome. Mas qual? Ficou pensando nisso enquanto fazia sua lição de casa em um livrinho cheio de figuras. Estava na primeira série e tinha aulas de Inglês na escola particular. Cachorro. Dog. Gato. Cat. Casa marrom. Brown house. Árvore verde. Green tree. Céu azul. Blue sky. Blue. Júlia adorou o nome. Blue seria o nome de sua amiga invisível.

— Gostou?

Blue não respondeu. Ela só ficava ali, olhando.

Blue não era sua amiga de fato. Ela não gostava muito de brincar.

— O que você quer fazer então?

A amiga invisível nada dizia, mas Júlia sabia que estava ali só para olhar.

Não que Blue não tentasse falar com ela. Toda vez que Júlia lhe perguntava alguma coisa, sentia certo calor nas costas.

Se conseguisse vibrar na mesma sintonia, saberia que eram informações em bloco. "Vai ver que em vez de voz ela tem calor...", pensava a menina.

Júlia se acostumou com a companhia silenciosa de Blue.

Preocupado com o fato de a filha falar com amigas invisíveis, seu pai resolveu levá-la a uma psicóloga infantil renomada e muito cara, de acordo com sua posição social na época. Em sua preocupação, o pai pensava que a busca do melhor valeria todo e qualquer esforço que pudesse fazer pelo bem da filha.

A psicóloga perguntou como era essa amiga.

Júlia respondeu que não sabia direito, pois nunca conseguia vê-la. Acostumou-se a conversar com ela às suas costas.

— E o que ela diz?

— Ela não fala, mas às vezes me leva para passear.

— Passear?

— Quando eu durmo, ela me leva para o espaço.

— E o que você vê no espaço?

— O espaço, ora! O que mais tem para ver?

— Mas tem alguma coisa no espaço, não é?

— É. Ela sempre aponta algumas coisas, mas não vejo. Fico olhando para baixo.

— Por quê?

— É mais bonito. Ontem eu vi um foguete.

— Um foguete?

— É. Um foguete que se encontrava com um pedaço de uma roda, assim...

Júlia pegou dois blocos de montar. Um representava o foguete, o outro era um objeto curvado que ela não conhecia direito. Fez os dois se encontrarem lentamente. A menina não imitou o barulho dos foguetes (atitude comum nas crianças que pegam objetos para fazê-los representar outros, como carros e aviões).

— O foguete não tem som?

— Não tem. Estranho, não é? Sabe, acho que lá em cima não existe som! Já pensei nisso...

A psicóloga sabia que no espaço, devido ao vácuo, não há som. Mas como uma criança de 7 anos saberia disso?

À noite, a psicóloga ficou pensando em Júlia. O que representaria aquela fantasia para a menina? A ausência do pai? A falta de uma amiga, de uma irmã? Estava refletindo nisso quando viu a reportagem sobre o ônibus espacial lançado na semana anterior que se acoplava à futura estação espacial. O telejornal mostrava imagens do que seria a estação espacial. Por enquanto havia apenas um pedaço dela, um pedaço circular que se conectava a algo como um foguete ou um ônibus espacial...

Após mais algumas sessões, a psicóloga concluiu que Júlia era uma criança "normal" e apenas sentia falta do pai. Talvez visse televisão demais. Estava convencida de que toda criança vivia assolada pelas informações contínuas da mídia.

Não comentou com o pai o episódio do foguete.

Recomendou que a criança voltasse caso a amiga não "sumisse" dentro de alguns meses.

Com um grande sentimento de culpa, o pai tentou conversar com Júlia. A menina percebeu que ele ficara muito triste, por isso decidiu não mais falar sobre Blue. Mas sua amiga não havia desaparecido. Estava lá. Sempre.

Na adolescência, Júlia arranjou um namorado.

No meio do ano letivo, sua classe recebeu um aluno transferido de outro estado. Marcos era bonito, tinha um sorriso encantador. Estava cheio de histórias pitorescas sobre sua terra para contar e sabia narrá-las muito bem. As atenções imediatamente recaíram sobre o menino. Júlia também era muito bonita e observadora. Não caiu em cima do garoto, como todas as outras colegas, e por isso mesmo atraiu o instinto conquistador do rapaz. Em breve os dois estavam namorando. Um namoro de adolescentes, sem muito compromisso.

Passavam horas ao telefone falando sobre as mínimas ocorrências do dia-a-dia: a escola e algumas aulas de balé, caratê ou natação. Júlia estava cada vez mais envolvida com Marcos e julgava ser correspondida.

A festa seria no domingo. Matinê em uma danceteria. O pai não a deixou ir. Castigo por ter ultrapassado o limite de duas horas ao telefone! Em prantos, falou com o namorado e explicou que não poderia ir à festa, como se isso fosse o fim do mundo.

— Puxa, que mau! A galera toda vai estar lá. Mas depois eu conto o que rolou...

Júlia ficou arrasada. Aquela seria sua primeira saída com o namorado. Ela se arrumaria e ficaria linda para ele. Por que o pai não podia compreender isso? Por quê?

Naquele domingo, o pai saiu e Júlia ficou em casa. Quanto mais pensava nos amigos e no namorado, que estavam na festa sem ela, mais sofria com a frustração.

Júlia chorou. Chorou muito, até se cansar, e resolveu tentar adormecer. Não dormira direito na noite anterior e, antes mesmo de tudo acontecer, já estava com muito sono. Toda vez que fechava os olhos, as lembranças dos amigos lhe vinham à mente e ela despertava. Tentava dormir novamente, mas as imagens persistiam.

Em dado momento, entre a vigília e o sono, Júlia decidiu não acordar, mas ao mesmo tempo permanecer atenta às imagens, de algum modo, sem permitir que a consciência divagasse. Assim, dormiu atenta, ou seja, lúcida.

No mesmo instante, alguma coisa incomum aconteceu.

Já sentira várias vezes estar sonhando. Às vezes tinha alguma consciência durante os sonhos. Na iminência de um pesadelo, por exemplo, Júlia sentia vontade de acordar. Procurava então um lugar de onde pudesse se atirar, um telhado, um barranco, o que quer que fosse. A sensação da queda a afastava do sonho. Sentia-se mergulhar em um vazio escuro e acordava lentamente.

Naquele momento, tinha a sensação de estar dentro da água. Sentia-se leve, desperta e extremamente consciente. Mais do que nunca, percebeu a presença de Blue.

Júlia tinha deixado de falar com Blue. A importância da amiga invisível diminuíra à medida que sua idade aumentava, pois Júlia era aconselhada a crescer e deixar a infância para trás.

Júlia não conseguia vê-la, mas sabia que ela estava ali, naquele estranho sonho — ou pelo menos a lembrança dela estava.

Notou que se deitara em seu quarto e resolveu levantar-se. Ficou sentada na cama, mas não conseguia manter-se nessa posição. Sentia-se leve, e imediatamente os pés saíram do chão. Para seu espanto, flutuava pelo quarto. Olhou repentinamente a cama e, para sua surpresa, viu o próprio corpo adormecido ao mesmo tempo em que tinha a mais absoluta certeza de estar, de algum modo, desprendida dele. Não sentiu medo, pelo contrário, uma sensação de euforia e lucidez a invadiu. Sentiu-se muito viva, talvez mais viva do que nunca. Júlia logo percebeu que já conhecia todas essas possibilidades de existência da consciência fora de um corpo físico. Mesmo assim, sabia ser a "identidade" Júlia, pois estava por demais próxima do corpo que habitava. Era como um duplo de si mesma, liberta, contudo, do corpo físico.

E, num impulso, um pensamento veio a sua mente: a festa.

Imaginou seus amigos e principalmente Marcos. Num piscar de olhos, estava lá. Conhecia o local da festa e, de súbito, encontrou-se no portão da danceteria. Júlia ficou atônita com a profusão de detalhes. As cores, os carros, as pessoas, tudo estava lá. Era uma experiência surpreendente. Estava lá, mas as pessoas não podiam vê-la.

Júlia resolveu entrar, mas sem flutuar. Talvez alguém pudesse vê-la de repente, e não desejava chamar a atenção sobre si mesma.

Bastou pensar nisso e instantaneamente atravessou a porta de entrada. Viu que o ambiente estava lotado. Procurou por Marcos entre as pessoas e o encontrou em um canto mais escuro conversando com uma menina de outra classe. Sentiu vontade de abraçar o namorado e contar que estava ali. Parou ao ver que as mãos de Marcos acariciavam os cabelos da menina.

Uma onda gelada percorreu seu "corpo". Os dois sorriam e estavam muito próximos. Podia ouvir o que diziam.

— Deixe disso. Nós não estamos namorando.

— Não parecia assim na escola. Ela contou a Angélica que você a pediu em namoro.

— Ela está louca. Só estamos curtindo. Essa garota, a Júlia, viaja muito.

— Eu também acho.

— Vamos falar de outra coisa?

— Vamos...

E o beijo, bem ali, na sua frente. Os lábios dos quais Júlia ainda sentia o gosto estavam nos lábios de outra pessoa. Teve vontade de chorar, de gritar.

Uma menina que passava perto dela sentiu um calafrio.

O beijo foi longo e não parecia terminar nunca.

Júlia procurou um lugar alto para saltar e acordar daquele pesadelo. Percebeu que não adiantaria. Aquilo não era um sonho.

Começou a tremer de raiva, na verdade começou a vibrar em outra sintonia. A raiva tomava conta dela e, nesse momento, percebeu que não estava sozinha naquela situação de ver sem ser vista. Pairando sobre as pessoas da festa, Júlia podia ver vários vultos que observavam os presentes. Aquilo lhe deu arrepios. Todos aqueles que ali flutuavam sem corpo físico "olharam" para ela. Alguns começaram a rir e se aproximaram. Júlia queria, mais do que nunca, acordar daquele horrível pesadelo, voltar para sua cama, para seu corpo físico, mas não conseguia, aquele ambiente estava por demais denso e entorpecia sua capacidade de pensamento e de ação. Deitou-se no chão e começou a se encolher. As risadas aumentaram. Uma sensação de frio a invadiu e Júlia fechou os olhos.

Sentiu um tremor ao seu lado. Algo quente tocava seu ombro ou parecia ser um toque sutil, mas era um toque. Era Blue. Agarrou-se, aliviada, àquela sensação familiar. Percebeu que podia novamente raciocinar com clareza. Pensou em seu quarto e não viu mais a festa, as pessoas nem os vultos que gargalhavam. Sentiu-se "mergulhar no vácuo", como ocorria em seus antigos sonhos.

"Acordou" lentamente, chorando, em sua cama.

Lembrava-se de cada detalhe. Pela qualidade da situação, tinha certeza absoluta de que aquela experiência definitivamente não fora um sonho.

Naquela noite, ligou para Marcos. Disse que o vira na festa, disse o nome da menina, o que os dois conversaram e o que fizeram. Descreveu toda a cena com tanta exatidão que Marcos respondeu, gaguejando:

— Quem contou isso a você?

Júlia bateu o telefone e chorou mais do que nunca.

No dia seguinte, na escola, Marcos a procurou. Queria saber quem fora o dedo-duro.

Júlia queria saber apenas por que Marcos fizera aquilo, já que ele próprio a procurara e a pedira em namoro.

— Puxa, Júlia. Eu pedi você em namoro, mas não disse que seria propriedade sua.

Ela afastou-se escondendo as lágrimas atrás dos livros e dos cadernos.

7

Anos depois, Júlia foi a um show. Era uma jovem atraente. Foi por impulso, sem ser convidada. Uma famosa cantora de rock faria uma exibição na imensa área verde de um grande parque da cidade. Júlia tinha uma amiga que era fã da cantora e não perdia uma única oportunidade de gritar e berrar em seus espetáculos, de preferência na primeira fila. Nesse dia, Júlia resolveu ir também.

Já de início não gostou. Não gostou das colegas, que pertenciam inclusive a um fã-clube. Não gostou de ter de vestir a camiseta especialmente pintada para o show. Sentiu-se constrangida por não saber cantar praticamente nada do repertório da estrela. Mesmo assim, por ser amiga da presidente do clube, foi aceita. Não gostou de ir, com mais seis pessoas, apertada dentro de um carro onde só cabiam quatro. Tampouco gostou de chegar várias horas antes ao local do show, só para ficar na frente.

Durante o tempo de espera, detestou o fato de ser obrigada a ouvir as novas amigas-fãs, que entoavam refrãos histéricos e sacudiam faixas enquanto a multidão chegava, espremendo-as cada vez mais contra a cerca de proteção que as separava do imenso palco.

O show era ao ar livre, em um lindo parque repleto de árvores. Disso ela gostou. Sentia-se inteira junto das árvores, junto do som do vento nas folhas. Por isso mesmo, começou a ficar extremamente irritada a cada minuto que passava. Aquela cantora, com seu bando de fãs histéricas que não paravam de gritar, a impedia de ouvir os sons da natureza!

E lá vinham os meninos. Cheios de sorrisos, de gracinhas, de insinuações. Cada vez mais detestava aquele tipo de evento.Tudo soava hipócrita para Júlia. Sabia o que eles queriam. Todas sabiam. Ao ver as meninas cantando, dançando e rebolando para exibir-se diante daqueles garotos, vinha-lhe certa aversão pelo ser humano. Mas que coisa! Intrigava-se com a rejeição que manifestava por tudo aquilo. Sentia-se diferente de todos, e isso não lhe fazia bem, mas não conseguia — nem sabia — ser de outro modo, afinal não seria ela mesma. Aquele, porém, era o curso natural das coisas, tinha de aceitá-lo! Eram todos mamíferos. Instintos e coisas que tais. Ambos os sexos necessitavam dessa atração mútua para a continuação da espécie. Mais ainda, precisavam gerar crias fortes que sobrevivessem às adversidades. Surpreendia-se mais ainda com os pensamentos que passavam por sua mente.

Às vezes se perguntava se não seria muito jovem para ter aquele tipo de raciocínio...

Os meninos, é claro, também a assediavam, e ela não conseguia disfarçar seu desconforto. Não que também não tivesse instintos, mas achava aquilo muito estranho. Tentou mudar sua maneira de ver a situação. Em vez de julgar tudo primário demais e sentir aversão, tentou ver a coisa de maneira engraçada, talvez até ridícula. Começou, de fato, a achar tudo muito engraçado. Talvez devido ao efeito do tóxico que aspirava indiretamente e de um pouco de bebida que havia tomado, tudo começava a ficar muito engraçado mesmo.

Isso, de algum modo, foi bom, pois a impediu de sair correndo dali.

E, após intermináveis horas de espera, finalmente começou o show.

Apesar da idade, a cantora de rock esbanjava energia no palco. Além disso, tinha muito carisma. Ao vê-la ali, vestida de modo extremamente extravagante e repleta de bom humor, não conseguia tirar os olhos dela. Era impressionante sua capacidade de cativar a platéia. Em alguns momentos, "rasgava" a voz em números pesados, acompanhados de guitarras estridentes. Em outros, ao som de um violão somente, cantava num pequeno sussurro, como se destinasse a canção a cada pessoa da platéia. Júlia estava fascinada.

O magnetismo da cantora a fez esquecer as colegas delirantes com o show, esquecer as cantadas dos meninos e, na verdade, esquecer completamente os milhares de pessoas que ali estavam.

A cantora parecia adorar o som dos músicos que a acompanhavam. Entre eles, havia um que lhe chamou mais a atenção. Era um jovem de cabelos longos e rosto redondo que tocava uma das guitarras. No final de um solo, a cantora pediu palmas para o garoto, embora isso não fosse necessário devido ao evidente talento do guitarrista. Júlia aplaudiu vigorosamente. Estava por demais envolvida, sem muita vontade de controlar suas ações durante aqueles momentos de entusiasmo.

Então veio aquela canção. Falava de um personagem, era uma ode a alguém que viera de um lugar misterioso para resgatar a auto-estima do autor da letra, era uma história que dizia que os dois viveriam uma vida inteira de prazer e de amor (a cantora era a autora da letra e da melodia). Em determinado momento, os olhares de ambas se cruzaram. Era impossível dizer se a cantora estava olhando para uma pessoa específica, mas Júlia teve a sensação de que o olhar se dirigia somente para ela. A cantora pareceu sorrir para Júlia nesse instante. Um sorriso diferente, como de identificação, de reencontro. Em seguida, a estrela passou à parte final da música, desviando o olhar para a multidão.

No fim do show, antes do último número, a cantora apresentou os músicos. O baterista, o tecladista, o baixista, o primeiro guitarrista. A cada apresentação, eles executavam um solo. A estrela deixou o segundo guitarrista para o final. Era André, seu filho. Como os outros, ele tocou um solo entusiástico. A cantora olhou para ele e, em seguida, para Júlia (ela está fazendo aquilo de novo), como se dissesse: "Ele é bom, você não acha?" Ao terminar o número, a platéia veio abaixo. Gritos estridentes pedindo bis acompanharam a saída da estrela do palco. Naquela noite, porém, ela não voltou.

Os músicos se retiraram e André, o guitarrista, também saiu. Antes, no entanto, olhou para a multidão, que não parava de gritar. Era como se, apenas naquele momento, se desse conta do número de pessoas para quem estivera tocando. Deu um sorriso e saiu com sua guitarra pendurada no ombro.

Parada obrigatória para os fãs é a visita ao camarim do artista depois do show. Júlia também foi, muito mais pela curiosidade de conhecer aquela cantora que trocara olhares misteriosos com ela do que pela fama em si.

O fã-clube da amiga de Júlia tinha o direito especial de visitar a cantora. Fotógrafos, repórteres, câmeras, seguranças e finalmente a porta do camarim.

O fã-clube identificou-se, e o segurança, de cara amarrada, bateu na porta. Uma assessora que falava em dois celulares ao mesmo tempo atendeu. Ao ver a amiga de Júlia, deu um sorriso falso e disse que a cantora só poderia falar por cinco minutos, pois precisava tomar um avião. "A gente entende, é claro!", bradou o grupo em uníssono.

As meninas entraram num camarim improvisado, de paredes de madeira, mas muito sofisticado. Vários espelhos, muita gente, muita fumaça e alguns músicos.

A cantora, sentada em uma cadeira giratória, virou-se, cheia de sorrisos. Presos em seus espelhos, havia alguns bonecos em forma de duende e vários bilhetes.

A estrela levantou-se para cumprimentar as fãs, uma por uma. Ela parecia estar num ritmo diferente de todos, parecia estar em outro mundo. Olhava bem no fundo dos olhos das pessoas, com quem falava brevemente, pois a conversa não se desenvolvia além do tema dos discos, da música, do show e da entrevista — e todas disparavam a falar ao mesmo tempo. A cantora encarava a pessoa que falava, mas parecia não ouvir. Não, não ouvia, ela "sentia" o que lhe diziam, Júlia pôde perceber isso.

A cantora trocou um olhar com sua assessora, e esta manobrou para mudar de assunto e transferir o foco da atenção dos presentes. Todos queriam dizer quanto haviam adorado o show.

Júlia apenas observava esses movimentos até que a cantora se aproximou dela e segurou-lhe ambas as mãos. Ficou imediatamente tonta.

— E então? Como o universo deste mundo está tratando você, Júlia?

A moça não conseguiu responder. Ela sabia seu nome? Que pergunta era aquela? "Como o universo deste mundo está me tratando?" O que digo a essa "desconhecida"?

— Mais ou menos...

Que resposta ridícula, mas foi a primeira coisa que lhe veio à mente.

— De onde você me conhece? — conseguiu perguntar.

— A questão não é onde, a questão é o quê!

— O quê?

— Isso. O que a gente está fazendo aqui. Eu vim fazer a mesma coisa que você, mas mudei o contrato.

— Como?

A essa altura, todos haviam parado de falar para prestar atenção na conversa.

— Falaremos sobre esse assunto em outro momento. Isso! Falaremos em momento mais oportuno. Essa gente é muito curiosa, inclusive sua amiga aí ao lado, veja, está toda preocupada.

Não havia ninguém ao lado de Júlia.

— E eu estou um pó só.

— Circulando, gente, circulando. Acho que já deu, não é? — disse a assessora em meio aos celulares. Muito provavelmente teria mais cinco nos bolsos. Todos foram empurrados para fora. A cantora despediu-se da meninada e a porta foi fechada, com certa violência, pela assessora.

No instante seguinte a porta se abriu, mostrando somente o rosto da cantora e seus olhos verdes.

— Não esqueça que a vida é sua. Você pode mudar o contrato! — E a porta fechou-se novamente.

A cantora falara diretamente com Júlia.

— Aí, hein, Júlia, escondendo o jogo!

— Nós nem ficamos sabendo de nada!

A moça ouviu um milhão de perguntas de suas colegas, mas não sabia o que responder.

— Acho que ela me confundiu com outra pessoa.

As meninas resolveram esperar a saída do carro da cantora para acenar mais uma vez e também para gritar um pouco mais.

Aquilo era demais para Júlia. Ela se despediu das novas amigas. As meninas sentiram-se incompreendidas. Fã que é fã segue o ídolo em todo lugar. Daquele jeito, ela não poderia fazer parte do clube.

Júlia pediu desculpas. Disse que não se sentia bem. A última coisa que desejava era entrar para o fã-clube, embora estivesse naquele dia com elas. Sentia-se totalmente transtornada, sem entender.

E ficaria assim um pouco mais ainda.

O show terminou no final da tarde, e ainda restavam alguns minutos de crepúsculo. Uma luz frágil, escarlate, persistia no horizonte. Júlia caminhou pelo parque. Aproximou-se de um lago. Contemplou a paisagem e resolveu tirar as sandálias para sentir nos pés a grama fria. Tudo aquilo estava lindo. Um vento suave começou a soprar. Júlia resolveu fechar os olhos e abrir os braços. Vista de longe, aquela cena poderia ser ridícula. Abriu os olhos para ver se alguém a observava. Percebeu então que, a poucos metros de distância, havia uma pessoa, também à beira do lago e também de braços abertos.

Sentiu-se incomodada. Não sabia se devia continuar ali ou ir embora.

— Feche os olhos.

Júlia estranhou. Será que estava falando com ela?

A pessoa permaneceu de olhos fechados.

— Se eu ficar de olhos abertos, minha mente verá que você está aí. Mas, de olhos fechados, as possibilidades são milhares, entende?

A pessoa começou a virar-se na direção de Júlia.

— Milhares de universos...

De repente, houve uma correria. Um ambulante clandestino fugia da polícia com a bolsa cheia de latas de cerveja.

Júlia foi empurrada. Bateu a cabeça no chão e imediatamente perdeu os sentidos.

Percebeu que, por um momento, tudo ficara escuro, mas sentia-se incrivelmente leve. Em seguida, uma espécie de luz começou a clarear o ambiente, como se um pincel mágico pintasse as formas do lago, das árvores, do parque, do céu e das pessoas. Tudo levemente embaçado.

Podia ver o que estava acontecendo. O policial aproximou-se "dela", caída no chão.

"Ah, não, de novo!" Foi outra vez envolvida por aquela sensação de estar fora do corpo. Na situação em que se achava, porém, não era possível relacionar a sensação a nada que fosse prazeroso. Aliás, aquilo sempre a levava a experiências estranhas, talvez porque a primeira não tivesse sido nada agradável.

Além do policial, podia ver que a pessoa que estivera a seu lado, de braços abertos, também se aproximava. Usava cabelos longos e roupas largas. Os dois olhavam para o que parecia ser seu corpo, desfalecido sobre a grama.

"Será que essa gente não me vê aqui em cima?"

Como se seu pensamento fosse um chamado, o rapaz olhou para o céu.

Júlia o reconheceu. Era André, o guitarrista da banda, filho da famosa cantora. O vento balançava seus cabelos, que lhe emolduravam o rosto.

A moça sentiu um aperto no estômago e sorriu. Não sabia por que estava sorrindo, mas sorriu.

Sentiu em seguida uma presença conhecida. Uma forma indefinida estava a seu lado, tentando puxá-la. Era Blue.

Júlia não queria sair dali, mas Blue parecia puxá-la com tanta força que ela cedeu. O ambiente escureceu de imediato, como se ela estivesse no espaço. Sentiu frio.

Júlia não podia ver Blue. Nunca podia. Mas uma forma começou a definir-se diante dela. Era uma mulher mais velha, pelo menos com o dobro de sua idade. Se seu coração pudesse bater naquele momento, decerto pulsaria mais rápido. Júlia estava diante de si mesma, observando-se, muitos anos à frente.

O ambiente em volta delas começou a tomar formas mais definidas. Era o mesmo lago em que estivera alguns instantes antes, mas achava-se vazio — ou não? Enquanto Júlia observava o ambiente e tentava focalizar a vista, fantasmas de pessoas pareciam ir e voltar, como se estivessem ali e ao mesmo tempo não estivessem.

As duas se encararam então.

— Onde estou? – perguntou a Júlia jovem.

— No mesmo lugar.

— Você sou eu?

— Sim, daqui a alguns anos.

Nos momentos em que Júlia "passeava" do outro lado, nada parecia absurdo.

— Acho que sofri um acidente.

— Eu também. Acabei de saltar de pára-quedas. Mas não foi acidente. Estava tudo programado.

— Meu acidente também?

— O seu não. Foi uma falha de quem acompanha você.

Parecia que a Júlia mais velha se referia a Blue.

— Seu acidente — continuou ela — foi uma providência para evitar que você falasse com aquele rapaz. Na verdade, nem deveria estar neste local hoje.

— Por quê?

— Porque você não pode sair do curso de seu projeto.

— Que projeto?

A "outra" Júlia parecia não ter muita paciência — tal como ela.

— Você tem um projeto, um destino, uma espécie de rota traçada na qual inúmeras pessoas estão seriamente envolvidas. São pessoas que se esforçaram muito para que estivesse aqui. Você precisa lembrar-se de tudo, por nós e por elas. Não deve sair de sua rota.

De súbito, uma voz lhe voltou à mente: "Mas você pode mudar o contrato".

Júlia percebeu que a força com que esse pensamento a afetara já seria bastante para começar a alterar sua rota! Mas que rota seria essa?

— Não, Júlia. Você não pode mudar o contrato, não se esqueça disso. Temos um projeto e muitos interesses envolvidos nele. Eu não mudei o meu.

— Quem é você?

— Eu sou você, mas vivo em outro lugar, ou melhor, vivia. Participei do projeto até o momento em que saltei de pára-quedas. Eu sou o projeto que deu certo desde o princípio.

Júlia não estava entendendo nada daquilo, mas sabia que fora repreendida.

— Eu tenho um projeto para cumprir?

— Isso mesmo.

— Se eu falar com esse rapaz, o projeto não dará certo?

— Existe grande possibilidade de não dar certo.

Júlia pensou um pouco mais, em silêncio, depois exclamou:

— Mas darei certo de qualquer modo. Se você sou eu no futuro e se me diz agora que deu certo! Posso então fazer o que quiser!

— Não! Se alterar o rumo das coisas, tudo mudará. E nossa situação presente já será outra. Você não está entendendo, por favor, faça um esforço, lembre-se de quem é! O projeto não pretende dividir a linha do tempo em vários eventos simultâneos de possibilidades, isso dará muito trabalho para todos nós e, além do mais, talvez altere de algum modo o percurso dos universos terrenos. Poderemos perder importantes referenciais. A idéia é continuar em unicidade até o final.

"Mas você pode mudar o contrato."

Parecia que, toda vez que essa frase lhe vinha à mente, a "outra" Júlia ficava mais exacerbada.

— Júlia, cada uma de nós é um aspecto da totalidade de nossa consciência, portanto em essência somos uma, pertencemos à mesma mônada (que é um organismo ou unidade orgânica diminuta e muito simples). Eu fiz o que me foi destinado. Você precisa fazer o mesmo. Quando seu aspecto assumiu essa forma, você esqueceu quem é e principalmente o que veio fazer. Mas é hora de lembrar. Você está vivenciando um momento de sua história de vida que não tem relação alguma com a pesquisa. Eu também tive dúvidas, mas me mantive em meu trajeto. Você precisa manter-se no seu. Não vamos nos dividir em lâminas de realidades, vamos seguir em uníssono como a princípio foi combinado!

— Mas eu posso mudar o contrato...

Desta vez foi a Júlia jovem que falou. E estranhou ter dito aquelas palavras.

— Não posso?

A "outra" Júlia parecia estar cansada, irritada.

— Não pode, Júlia. Eu não mudei. Você também não pode mudar. Você não tem esse direito.

"Que mulher chata!"

Após captar esse pensamento, uma profunda decepção acometeu aquele aspecto que falava com a Júlia mais nova. Uma decepção que não dizia respeito à outra Júlia, e sim a si mesma, à sua totalidade. Era como se olhasse para o próprio íntimo e se surpreendesse com possibilidades impensáveis anteriormente. Sabia, porém, que só através da experiência as consciências podem ampliar seus conhecimentos sobre si mesmas, mas tinha receio (medo?) do desenrolar de situações que não estavam, em absoluto, programadas.

Júlia (a mais nova) teve a impressão de que, se pudesse ver Blue, notaria que ela esboçava o que talvez fosse um sorriso. Mas "sorriso" era um conceito muito distante de sua amiga Blue.

Quanto mais humor via na situação, mais distante parecia ficar dela. Aos poucos, tudo escureceu novamente. Júlia parecia pesada, sonolenta, cansada, tonta e sentia dor. Uma incrível dor de cabeça.

"Será que vou ficar tão chata assim quando for mais velha?"

Júlia tinha grandes possibilidades de ficar "chata" daquele jeito.

Quando acordou, lembrou-se apenas vagamente do acontecido — a conversa com uma mulher muito parecida com a própria Júlia. Esqueceu-se do que ocorrera principalmente porque, ao abrir os olhos, deparou com André.

— Tudo bem?

— Minha cabeça dói. Onde estou?

— Na enfermaria do parque. Você caiu e bateu a cabeça.

Era uma salinha minúscula onde havia uma maca e uma mesa, provavelmente para quem estivesse de plantão. Através da janela, Júlia podia ver algumas árvores. Tentou levantar-se, mas ficou tonta. Nesse exato momento, uma mulher vestida de branco entrou na sala.

— Não, senhora. Pode ficar deitada aí.

— Estou bem.

Não estava, o mundo girou quando ergueu a cabeça.

— Você vai para o hospital tirar uma radiografia. Só estamos esperando a ambulância.

— Não. Eu estou bem. Foi só um tombo.

— Sei. Já vi muita gente dizer a mesma coisa e depois cair.

— É sério.

— Sério ou não, só vamos saber depois da radiografia.

— Mas...

— Como você se chama?

— Júlia.

— Júlia, me dê seu telefone para avisar seus pais. Eles vão encontrar você no hospital. Não se preocupe. Seu namorado pode ir também.

André se assustou um pouco. O mesmo aconteceu com Júlia.

— Não, ela não é minha namorada.

— É isso mesmo.

— Pois ele olhava para você como se fosse...

André queria enfiar-se debaixo da mesa de tanta vergonha.

— Eu... eu só estava preocupado. Ela caiu bem ao meu lado.

— Sei!

Júlia ouviu o som de um carro.

— A ambulância chegou — disse a enfermeira. — Consegue andar?

— Não sei.

— Vou pegar a cadeira de rodas.

A enfermeira saiu, e um silêncio constrangedor pairou entre os dois.

— Valeu. Obrigada por ter ficado — Júlia resolveu quebrar o silêncio.

— De nada.

— Eu conheci sua mãe.

— Sério?

— Sério. Fui ao camarim dela.

— Você é fã da minha mãe?

— Não. Algumas amigas minhas é que são.

— Legal.

— Você não tem que viajar?

— Tenho.

— E então?

— Ora, posso tomar o avião amanhã.

— Nossa! Fiz você perder o avião!

— Amanhã bem cedo tem outro.

— Tomara.

— Bom, acho que vou nessa.

— Tudo bem...

— Ouça, você caiu por causa daquilo que eu disse?

— O quê?

— Eu disse para você ficar de olhos fechados, e de repente você não viu o cara que vinha correndo e...

— Pois é. Fiquei de olhos abertos...

— Sei. Entre milhões de possibilidades, você se conectou justamente com a pior.

— É isso aí.

André sorriu pela primeira vez. "O sorriso e os olhos da mãe", pensou Júlia.

— Eu devia ter ficado de olhos fechados...

— Pois é.

— Obrigada de novo, André.

— Você sabe meu nome?

— Eu e mais 5 mil pessoas.

Ele sorriu de novo.

— Ah, sim, o show. E você se chama Júlia, não é?

— É.

— Valeu, Júlia.

Ele fez menção de sair devagar, meio a contragosto, parecia solitário.

— André!

— O que foi?

— Você vai comigo para o hospital?

— Ir com você?

— É. Meu pai está viajando e eu não tenho mãe.

— Eu... não vou atrapalhar?

— Claro que não. Vamos?

— Certo!

A mão de André estava na maca. Júlia pôs a mão sobre a mão dele. "Mas você pode mudar o contrato!"

8

Após a radiografia, o médico disse que Júlia não sofrera nada de grave e logo a liberou. André ficou ao lado dela o tempo todo. Na saída, convidou-a para uma festa.

— Eu não ia por causa da viagem, mas agora...

— É uma boa.

E foram.

No caminho, como André estava meio calado, Júlia resolveu puxar conversa:

— Deve ser legal tocar em uma banda junto com a mãe e o pai.

— Por quê?

— Sei lá. Família unida. Estão sempre juntos.

— Sim. A família é unida, mas eles não estão sempre juntos. Eles moram cada um em sua casa.

— Eles são separados e tocam na mesma banda?

— Eles não são separados. Apenas moram em casas diferentes.

— Ah...

— Mas vivem bem. Minha mãe diz que assim é melhor. Ela diz também que não existe amor que sobreviva ao banheiro compartilhado.

Júlia riu.

— Sua mãe é doidinha.

— Ela é legal. Adoro minha mãe.

— Aposto que foi ela que falou das "possibilidades e escolhas".

— Foi. Minha mãe já passou por muita coisa. Já "viajou" muito. Hoje está mais sossegada.

Júlia teve vergonha de perguntar que tipo de "viagem" a mãe dele fizera e resolveu mudar de assunto. Até aquele momento, pouco sabia sobre drogas. Uma vez ou outra, em alguma festa, via alguém que as consumia. Ela, porém, nunca experimentara e não tinha grande curiosidade.

— E você vive com quem?

— Bom, eu me ligo mais na minha mãe e moro com ela, mas às vezes fico com meu pai.

— E tudo bem?

— Tudo bem. Eles vivem a um quarteirão um do outro. Ela mora em uma casa e ele num apartamento.

— E a festa? Não vou atrapalhar?

— Claro que não.

Pegaram um táxi.

Na casa enorme, localizada em um bairro nobre da cidade, um muro impedia totalmente a visão do interior. O muro estava coberto de plantas verdes, de trepadeiras. Dois seguranças vigiavam discretamente as pessoas que entravam por um pequeno portão de madeira. Esse portão ficava ao lado de outro, maior e fechado. Alguns fotógrafos se acotovelavam para surpreender os famosos de plantão. Vários carros do ano estavam estacionados na rua. A música corria solta lá dentro.

Ao ver o táxi, alguns fotógrafos correram em sua direção. Nenhum deles reconheceu André. Afastaram-se rapidamente em busca de alguma figura "importante". Apenas um prestou mais atenção no rapaz e tentou lembrar se ele era ou não conhecido. Tirou uma foto só por garantia. Ao perceber o flash, os outros fotógrafos ficaram interessados e resolveram tirar fotos também. Mas, nessa altura, André e Júlia já haviam passado pelo pequeno portão.

Havia, em torno da casa, um vasto gramado verde e um jardim maravilhoso. O terreno todo era cercado pelo imenso muro. Algumas árvores cresciam junto dele. Formas retorcidas de metal estavam espalhadas pelo gramado. E uma delas, um pouco maior, ficava no meio do jardim e tinha em volta algumas plantas exóticas. Uma iluminação bem projetada realçava mais as plantas, deixando a escultura na penumbra. Essa escultura era longa e lembrava alguém de braços tortos. As folhas das plantas tocavam a figura. Isso não passou uma idéia muito agradável a Júlia. Era como se uma pessoa tentasse sair de dentro da terra, mas os galhos a impedissem. Alguns convidados passeavam pelo jardim. Havia gente visivelmente embriagada. Foi como se Júlia topasse com uma forte onda de calor. Ficou um pouco tonta e precisou respirar fundo.

— O que foi? — perguntou André.

— Nada. É grande isto aqui, não?

— De fato. Esse meu amigo é artista plástico. Suas obras estão espalhadas por todos os cantos da casa.

Júlia queria observar as outras esculturas distribuídas aqui e ali, queria olhar com mais calma, mas foi puxada por André.

— Vamos entrar.

A casa tinha três pavimentos. Na parte térrea, uma sala com paredes de vidro abrigava muita gente que bebia e comia. No segundo piso, Júlia notou uma sacada enorme. As portas também eram de vidro e o recinto estava escuro, com algumas luzes coloridas que piscavam. Júlia ouviu o som gritante de uma música remixada, de estilo tecno. As pessoas que estavam na sacada riam e falavam alto.

No terceiro piso, o teto se fechava em "V" e havia mais uma sacada. Desta vez a porta era pequena, de madeira. Um quarto, provavelmente. A porta lá em cima, fechada, o ambiente meio escuro, Júlia percebia que alguma coisa não estava bem naquele local. Ela sabia. Sentiu novamente um calafrio.

André levou-a para a sala do pavimento térreo. Muito barulho. Algumas pessoas o reconheceram e foram cumprimentá-lo. Ele apresentou Júlia a todos. As pessoas notaram sua roupa (ela retirara a camisa do fã-clube, mas estava vestida de maneira simples e André também). Algumas fizeram uma expressão estranha e tentaram disfarçar trocando olhares maliciosos. Júlia não deixou aquilo passar despercebido.

André foi chamado por um grupo de pessoas e de repente Júlia ficou sozinha. Resolveu andar um pouco pela casa. Não queria atrapalhar

André. Passou por um barman e ele pôs um copo em sua mão. Sentia-se um pouco incomodada, mas bebeu um gole. Cruzou com alguns rapazes que arregalaram os olhos para ela. Tentava ser simpática sorrindo em troca dos olhares. Atravessou a casa e encontrou outro jardim. Desta vez havia uma piscina enorme rodeada de pessoas. Um conjunto tocava uma música suave. Os convidados se serviam de comida em uma longa mesa sob a atenção dos garçons. Em volta do jardim havia mais esculturas. Júlia aproximou-se delas. Todas eram de ferro, algumas lembravam corpos retorcidos, outras apenas rostos amargurados.

Júlia olhava uma escultura, também fincada na terra, quando sentiu alguém que se aproximava às suas costas. Um calafrio lhe percorreu a espinha, mas ela não se voltou. Lembrou-se de André quando falou sobre as diversas possibilidades. Em um milésimo de segundo, várias imagens vieram a sua mente. Uma nuvem negra, um batalhão de morcegos, inúmeros vultos. Fosse o que fosse, Júlia sabia que não era bom.

Percebeu que alguém parou ao seu lado. Sentiu frio. A música e as conversas pareciam distantes agora.

Júlia perguntou:

— Por que estão presas?

— O quê? — soou a voz de um rapaz.

— Por que suas esculturas estão presas?

Júlia sabia (nem imaginava como) que a pessoa ao lado era o dono da casa e também o autor das esculturas.

— Não sei ao certo. As idéias chegam e, na seqüência, vou torcendo os metais. Eu tenho essas sensações, sabe? Já me disseram que sou muito intuitivo. Acho que é meu signo ascendente...

Júlia virou-se lentamente e encarou o rapaz. Ele não parava de falar:

— Além disso, senti que combinava com o espaço. Tinha de haver terra, e imaginei que algumas plantas exóticas combinariam. Adoro tudo o que é exótico!

Júlia ficava cada vez mais tonta. Sentiu que uma espécie de onda emergia dela na direção do rapaz. Estava sendo sugada. Resolveu controlar-se, caso contrário cairia ali mesmo. Respirou fundo e a "onda" aparentemente cessou. O rapaz, por fim, voltou sua atenção para ela:

— A gente se conhece?

Júlia se refizera, mas sabia que aquele rapaz estava "carregado".

— Não. Eu sou amiga de André.

— Ah, André.

"Não é possível! Estou ficando louca. Há fumaça saindo dos ombros dele! E fumaça pesada!"

Júlia não sabia como, mas conseguia ver a aura do rapaz. Era de fato escura. Quando ele falou de André, rodamoinhos negros se formaram em volta de sua cabeça. Júlia pensou nas pessoas que fazem exercícios no inverno e "soltam" vapor de água.

— Ah, André é uma pessoa maravilhosa...

Júlia não gostava daqueles rodamoinhos.

— Júlia?

André se aproximou.

— Oi, André. Acabei de conhecer sua amiga.

— Oi, Walter.

Os dois se abraçaram.

Júlia observou que o "campo" de André gradativamente se misturava com o de Walter. André, porém, tinha uma "onda" branca, transparente.

André olhou bem fundo nos olhos de Walter.

Júlia viu claramente que a energia de Walter tentava envolver a luz branca de André. E essa luz de fato se expandia, mas não era sugada por Walter. Na verdade, a luz cristalina de André envolvia todo o corpo de Walter, fazia com que a nuvem escura diminuísse e ficasse cada vez mais estreita. Era muito bonito ver como André envolvia Walter. Passava uma sensação de paz, de afeto.

— Este aqui é Walter.

"Eu tenho que parar de ver fumaça sair dessa gente."

Júlia se controlou mais uma vez.

— Ela dizia que eu enterro minhas esculturas.

— Ora, você é doido!

— Já tomou alguma coisa, Júlia?

— Estou tomando.

"Ótimo. Não estou vendo mais nenhuma fumaça."

— Bom, depois a gente se encontra para tomar algo especial.

— Certo.

Um fotógrafo apareceu de repente para tirar uma foto. Walter fez uma pose e a foto foi feita. André aproveitou a deixa enquanto Walter posava.

— Nós nos encontramos mais tarde.

— Certo — disse Walter, sem sair da pose.

André segurou Júlia pelo braço e se afastaram.

"Será que essa coisa branca do André está me envolvendo também?"

— E aí? Ele perturbou muito?

— O quê?

— Walter. Ele é legal, mas se você der muito espaço não pára de falar.

— Ele é muito seu amigo?

— Mais ou menos. Às vezes gosto de ouvi-lo falar. Aquele blablablá dele parece música. Não, música não. Parece um mantra. Eu fico observando, como que hipnotizado por algo além de minha compreensão. Walter sabe que "viajo" e geralmente não presto atenção no que diz, mas mesmo assim ele fala, fala e fala.

— Eu percebi.

— Está gostando da festa?

— Está legal...

— Vamos lá para cima agitar um pouco!

Entraram na casa e subiram uma escadaria larga. Lá em cima, no segundo andar, havia outros convidados, que dançavam. Qualquer tentativa de conversa seria inútil, assim como a curiosidade de observar o ambiente com mais atenção. As luzes não paravam de piscar e a música impedia que as pessoas entendessem umas às outras. Restava apenas dançar. Júlia deixou-se envolver pela música. Era como se os sons, os ritmos e as melodias penetrassem diretamente em seus músculos. Seu corpo era comandado pela música, não mais pelo cérebro. O ambiente era quente, mas as janelas (enormes) estavam abertas, e uma corrente de ar às vezes passava por ali. Em certo momento, o olhar dos dois se cruzou. Era estranho. Parecia ser a primeira vez que se viam, mas uma sensação de mútua familiaridade os envolveu, uma afinidade inexplicável os tomou de tal modo a ponto de gerar uma espécie de conforto desconfortante. Júlia não conseguia tirar os olhos dos belos olhos de André.

Os dois sorriram. Já não se sentiam encabulados. Apenas sorriam um para o outro, reconhecendo a situação.

Alguma coisa tentou fazer com que Júlia olhasse para outro lado, desviasse o olhar, saísse dali, mas ela não cedeu. Queria dançar e olhar para o rapaz.

André também não parecia disposto a desviar a atenção. De algum modo, sentiam-se imantados um ao outro.

Júlia sabia que a energia de ambos se misturava. Mas, ao contrário do que ocorrera com Walter, a energia de André não "sugava" a sua. Pelo contrário, sua energia se desprendia, rodopiava e se misturava com a de André, voltando em seguida para ela. Estava adorando tudo aquilo. Formou-se, então, uma espécie de campo que tinha o poder de afastar qualquer força que a retirasse daquele momento, daquele lugar, daquela situação.

O encanto foi quebrado, porém, por uma presença física.

Apesar de ter durado apenas alguns segundos, tanto para Júlia quanto para André, aquele breve momento teve um toque de eternidade, como se, misteriosamente, os segundos alongassem o tempo. Júlia ainda não conhecia aquela sensação, mas voltaria a experimentá-la anos depois, durante um salto de pára-quedas.

Júlia notara a presença de uma garota a alguns metros e, por menos que quisesse fazer isso, desviou o olhar. André fez o mesmo. A moça dirigiu-se a ele e praticamente pulou em seu pescoço. Esbarrou em Júlia, desequilibrando-a mais pela invasão do que pela força física, pois a menina era muito pequena.

A garota beijou, violentamente, a boca de André. O rapaz se assustou um pouco, mas em seguida retribuiu o beijo. Um longo beijo. Júlia parou de dançar e sentiu uma profunda decepção. Em vão tentou livrar-se desse sentimento. Buscou uma explicação racional para seu desencanto lembrando que conhecera aquele rapaz havia poucas horas. No final do beijo, a garota recostou-se no peito de André e ambos olharam para Júlia. Os lábios do rapaz estavam completamente borrados de batom.

— Júlia, esta é minha namorada, Mara.

"Não diga!"

Mara olhava para Júlia com um sorriso, mas seu olhar dizia: "Detesto você!"

— Prazer.

Mara e Júlia trocaram dois beijinhos. Mara era pequena, loira, cabelos longos. Muito bonita. Um rosto fino excessivamente maquiado. Na verdade, aquele rosto parecia feito de parafina, lembrava uma boneca Barbie. Mara ficou olhando para André, e seu sorriso demonstrava suspeita, como se ela esperasse explicações. Mas André não explicou nada, nem mesmo parecia constrangido. Não parecia ter sido pego "em flagrante" flertando com outra garota. André mantinha o semblante sereno e sorria.

Como o rapaz nada dissesse, Mara resolveu falar fingindo ignorar toda a situação, inclusive Júlia.

— André — começou ela, com um sorriso que pretendia evidenciar sua situação de "vítima" —, por que não me avisou que não ia mais viajar? — Sem esperar resposta, continuou:

— Está "rolando" uma coisa legal que você está perdendo. Estão todos lá no quarto do Walter. E você está fazendo o que aqui embaixo?

— Dançando.

Era óbvio. Júlia sorriu e admirou mais ainda o rapaz. Mara queria claramente forçar as escolhas de André, mas ele não permitiu isso. Estava dançando e não desejava dar maior atenção à namorada, que, aparentemente, não era tão agradável quanto supunha ser.

"Controle-se, menina. O que você tem a ver com esse casal?", Júlia tentava pensar racionalmente.

— Bem, vamos lá?

Repentinamente, porém, André mudou de idéia.

— Sim, vamos.

Para desespero de ambas as garotas, André virou-se para Júlia e perguntou, com um sorriso lindo:

— Vamos lá, Júlia?

Mara não conseguiu controlar-se. Seu sorriso transformou-se em uma careta. Por um momento, Júlia pensou em provocá-la dizendo que seria um prazer acompanhar o simpático casal. Mas, em nome da própria preservação, achou melhor não ir. Sentiu uma pontada de tristeza por se afastar de André, mas mesmo assim respondeu:

— Não. Eu vou ficar mais um pouco.

"Acho bom", disseram os olhos de Mara.

Por um segundo (talvez), os olhos de André deixaram transparecer uma pontada de decepção.

— Tudo bem. Vá lá depois.

— É, vá depois — disse Mara, e sua voz soou falsa. "Se você for, nós duas teremos problemas."

O casal afastou-se na multidão...

"É um belo par", pensou Júlia enquanto caminhava novamente para fora da casa.

"É um casal bonito. Ela deve ser modelo. Não, as modelos são mais altas. Atriz, provavelmente. Atriz de quinta categoria, é claro, porque aquele sorriso não convenceria ninguém. Como será que ela conseguiu conquistá-lo? Claro, porque André jamais daria uma cantada. Nem seria preciso, afinal deve haver muitas mulheres a seus pés. Basta seduzi-las com seu lindo sorriso e com aquele olhar, com aqueles olhos sinceros. É. Essa menina foi muito esperta. Agarrou André. Agarrou a pessoa certa."

— Você está louca, menina!

Júlia gritou consigo mesma, chamando a atenção de algumas pessoas que estavam na piscina. Um músico errou um acorde e um garçom levantou os olhos dos pratos que servia.

A moça ficou envergonhada. Afastou-se até a beira da piscina.

"O que é isso, Júlia? Você fala como se estivesse apaixonada por um menino que conheceu há um par de horas. E não se apaixona tão facilmente assim." Os rapazes esperavam muito tempo por um beijo seu. Imploravam por sua atenção. Reclamavam de sua aparente indiferença. E para tornar-se mais íntima do primeiro namorado, então? Foi uma eternidade — e ainda precisou ficar um pouco embriagada. Depois de algum tempo, só sentia desprezo. Esse desprezo causava aos rapazes enorme desespero. Pobres rapazes! "Mas eles mereceram! Ora, como mereceram!" Talvez pensassem que ela não sabia o que queriam. Eles queriam seu corpo, sua alma, sua energia. E não davam nada em troca. Só queriam o prazer que seu corpo podia oferecer. E não era só o corpo dela. Se pudessem, teriam o de todas. A sobrevivência da espécie graças à luta para conquistar poder e posse. Nesses termos, suas armas eram os mais variados tipos de sedução. Uma verdadeira escola. Era isso que eles queriam para a sobrevivência da espécie. Falavam de amor, mas Júlia se perguntava se existia de fato esse sentimento em meio a tudo o que percebia. Tinha sérias dúvidas sobre a existência do amor como um verdadeiro sentimento humano ou se esse pretenso amor seria apenas mais um pretexto criativo da espécie para a própria sobrevivência. Nesse aspecto, pensava que a humanidade atual poderia mascarar os desejos e instintos de sobrevivência com a invenção de toda essa história de amor em seus infinitos temas.

Devido a essa capacidade de percepção, escolhia sempre os mais bonitos, os mais másculos — e iludia a todos. Conhecia o jogo e sabia como não se envolver nele.

Júlia, porém, não dispunha da informação genética sobre a dimensão da importância da sobrevivência da espécie. Essa premissa não tinha o mesmo sentido para ela. A sobrevivência deveria ter extensões maiores. Mas quais seriam?

A jovem fazia seus pretendentes pensarem que estava "apaixonada" para depois desprezá-los. Viu muitas lágrimas e recebeu muitas flores. Flores? Imagine. Aqueles garotos fingiam-se de sensíveis e mandavam flores. Tinha vontade de rir quando imaginava aqueles marmanjões escolhendo rosas pela primeira vez.

"Não que eles não me dessem prazer. Claro que deram. E muito."

Gostava demais de trocar energia com eles em vários níveis. Aprendera muito também. Tivera sensações corporais sem compartilhar, contudo, a comunhão de sentimentos e sensações. Ela nunca vivenciara, entre todas essas experiências, a sensação do amor. Até aquele momento ainda se perguntava se ele existia ou era apenas um jogo ensinado para que a espécie sobrevivesse. Alguns rapazes, inconformados e mais sensíveis, imploravam sua atenção. Aprendera com eles também.

Júlia continuava a pensar: "E agora aqui estou eu, lamentando-me por causa de um homem que, aliás, nem homem é ainda, e sim apenas um garoto — e de péssimo gosto. Se tivesse bom gosto não ficaria com esse tipo de mulher". Estava ao mesmo tempo incomodada e surpresa diante de todos esses novos sentimentos e emoções que a dominavam e percebeu que gradativamente mergulhava mais e mais no universo das sensações humanas. Sua vida no ambiente terreno era assim, por vezes penetrava nas emoções, mas na maior parte do tempo apenas as observava e aprendia com essa observação sem nunca se envolver muito. Mas agora tudo parecia ter dado uma reviravolta em seu mundo interior.

— Júlia, outra vez! — gritou novamente.

Agora foi um grupinho animado que parou de conversar e olhou para ela.

Júlia tornou a afastar-se.

"Não. Isso não pode estar acontecendo comigo. Um homem não pode valer tanto assim. Não pode fazer com que eu fique falando sozinha. Além disso, nem acredito que exista algo mais além de mecanismos de sobrevivência da espécie — ou será que acredito? Acho que vou embora. Aliás, como vou embora? Fui ao show de carona e pensei que voltaria de carona. E agora? Será que tenho dinheiro para pegar um táxi? O trajeto daqui até em casa deve ficar muito caro. Será que meu dinheiro dá? Não posso contar o dinheiro que tenho aqui. Não vou fazer isso no meio de uma festa tão chique. Será que André me levaria? Se eu pedir, ele leva. Vou fazer isso, e ele na certa vai abrir um sorriso lindo e concordar."

— Júlia, chega! — exclamou em voz mais baixa, que desta vez não chamou a atenção de ninguém.

Caiu, exausta, em uma esteira da piscina. Sua cabeça doía de tanto pensar. Como um garoto podia mexer com os sentidos dela daquele jeito? Um menino ainda. E por quê? Só porque dissera algumas bobagens? Só porque a acompanhara até o hospital? Só porque a convidara para uma festa? Só porque dançara com ela olhando bem fundo em seus olhos e sorrira? Um sorriso sincero e despretensioso, isso é verdade.

Júlia sabia que, pela primeira vez, não fora olhada como "um objeto de consumo". Ela era uma pessoa aos olhos de André. Mesmo assim, quando estavam dançando, Júlia se sentiu desejada. Aquele olhar! A jovem sentia toda a sua alma docemente invadida por aquele olhar. Quem poderia dizer não? Começava a experimentar algo nunca antes imaginado. Júlia adorou a sensação de ter sido desejada.

— Adorei!

Ficou ali, aliviada e relaxada, deitada naquela esteira, contemplando o céu da cidade grande. Entre as árvores do jardim, constatou que queria André, queria que ele a desejasse porque o rapaz enxergara algo de valor dentro dela e porque lhe provocara um sentimento novo.

Mas Júlia sabia que André era da outra garota, era de Mara — e nada podia fazer para evitar isso, pois o casal não se separaria até o final da noite. Ela provavelmente nem veria o rapaz outra vez. No dia seguinte ele viajaria e esqueceria aquela menina boba que "teve" de ajudar, afinal se sentira "culpado". Agora estava livre de qualquer "culpa". Já tinha cumprido sua tarefa de bom samaritano.

Mas André não era assim, ela sabia. André também não era um super-homem nem um príncipe encantado. Havia muito abandonara aquela visão romântica que suas amigas tinham. Ele... ele apenas a olhara de modo diferente.

Júlia chorou olhando para o céu. Não chorou alto, apenas derramou algumas lágrimas e sentiu-se profundamente só. Estava só como nunca. André parecia um abrigo no qual ela poderia refugiar-se e respirar aliviada. Que loucura! Como caíra naquela armadilha? Ficou confusa, e alguma coisa lhe dizia que nada daquilo estava no programa. Mas que programa seria esse?

Bom, aquilo passaria. Haveria de passar. Júlia queria que passasse. Amanhã com certeza não se lembraria de nada. Na verdade, ocorrera o seguinte: um rapaz convidou-a para uma balada. Ela hesitou: deveria ir ou não? O rapaz insistiu muito e ela resolveu ir para desanuviar a cabeça. Talvez até pudesse cultivar uma relação com o jovem, que parecia bastante interessado nela. Foi só isso que aconteceu, apenas isso, Júlia dizia a si mesma, tentando convencer-se. Uma distração a deixaria mais leve, sabia que precisava retornar a seu caminho.

"Mas que tipo de caminho seria esse? Observar os sentimentos dos outros e não sentir nada, como se eu fosse uma cientista fria e calculista? Observar a forma como os outros lidam com as próprias emoções mesmo quando se trata de uma decepção causada por um amor não correspondido? E eu? O que vou fazer com todo este volume emocional que começo a descobrir em mim mesma? Esquecer e deixar passar? Terei condições de apenas analisar tudo de modo racional, ou seja, sem a interferência de emoções, como uma cientista pesquisadora? É isso?"

"Mas você pode mudar o contrato!"

Que contrato?

"Você pode mudar o contrato!"

Que contrato infernal seria esse?

"Você é dona de sua vida!"

Eu sei que sou. Faço exatamente o que quero!

"Você pode mudar sua realidade..."

Mudar minha realidade?

Júlia adormeceu na esteira.

9

E Júlia sonhou.

Pelo menos foi essa a sensação que teve quando acordou.

Júlia encontrou-se com o Professor. Ao seu lado, estava Blue.

Ela não conseguia distinguir os rostos, as expressões, nem mesmo as sensações. Sabia apenas que os dois estavam ali. Tampouco havia diálogo. Recebia as informações em bloco, como sempre.

Foi o Professor que forneceu o primeiro tópico de informação:

— Nestes poucos minutos de sua vida terrestre, você saiu completamente do eixo de nossa pesquisa, da qual é a parte principal na primeira fase.

— Sei que vou esquecer toda esta conversa — Júlia "disse" e depois continuou: — E tenho consciência de que estou saindo do eixo da pesquisa.

Júlia ouviu Blue falar pela primeira vez. Sentiu imenso prazer em finalmente ouvir a voz daquela consciência que sempre a acompanhava. Sabia que em breve não seria capaz de recordar isso, mas guardaria um doce prazer auditivo mesmo que o motivo da conversa fosse seu "erro" de conduta:

— Isso não é produtivo e não auxiliará a pesquisa.

— Eu sei.

— Pode nos explicar por que tanta relutância em voltar para a posição correta da pesquisa?

— Não consegui avaliar ainda. Talvez tenha me deixado influenciar. Penso que fiquei seduzida com as experiências dos últimos momentos e também porque parece que aquele meu corpo físico está se abrindo aos códigos do planeta. Isso por vezes deixa minha consciência totalmente obliterada. Esqueço-me de quem sou, mesmo que inconscientemente eu saiba disso, percebo que me encanto e sei que estou sendo seduzida pelas emoções que agora despertam em meu corpo. Estou também atraída pela oportunidade de experimentar todas as questões em desenvolvimento naquele planeta.

— Até aqui está tudo correto, mas você não poderá perder o foco, ou seja, o controle da situação. E temos um sério problema, a cantora — disse o Professor.

— Justamente — confirmou Blue.

— Julgamos — continuou — que a cantora seria um problema. Cremos que o encontro físico entre vocês ocorreu também por um descuido nosso, e não apenas seu.

Júlia sentiu que Blue a advertia. O Professor prosseguiu:

— Ela é uma consciência que se desviou do propósito. Em época anterior à sua, ela também seria uma transdutora, como você, mas gerou uma série de eventos inesperados e inapropriados. Com seus conhecimentos, influenciou a linha do tempo do planeta e, além disso, fez uso de nossa sabedoria para experimentar a vida terrena criando toda e qualquer realidade que desejasse sem pensar nas conseqüências. Em resumo, abusou por demais de seus conhecimentos, usando-os como fonte de poder irresponsável no planeta Terra. Muitos outros já atravessaram esse sistema e criaram grandes catástrofes. Estamos extremamente empenhados em evitar qualquer tipo de anarquia. Em breve ela retornará, e saberemos o que fazer.

Júlia notou que o Professor "comunicava" aquilo com vigor, mas um instinto humano a fez duvidar de que ele realmente pensasse daquela maneira. Recordou a cantora e a forma como suas palavras a impressionaram.

"Parece que a cantora é mais forte que vocês", pensou.

O Professor e Blue tiveram um sobressalto.

— Não compreendemos — disse Blue.

— Eu... eu...

— Está esquecendo — disse o Professor, com serenidade — algo muito simples: o que você concebe como pensamento é, para nós, uma realidade concreta, plasmada. Seu pensamento transforma-se em realidade, lembra-se? Para nós é vida. E, se você pensou, simultaneamente "disse", na verdade, que a consciência desviada da cantora é mais forte do que nós.Veja o que está criando, Júlia.

— Mas é a mais pura verdade. Ela virá aqui... E rirá de vocês. Ela está em outra realidade, muito distante da de vocês, pelo que pude receber. Acho que nem sequer se importa com o que pensam a respeito dela.

— Não concebemos o riso neste plano. Essa expressão está imbuída de aspectos emocionais.

— Mas é isso que ela vai fazer. Eu garanto. E irá para outro lugar. Na certa não mais ficará entre vocês.

— Você não tem conhecimento suficiente para fazer esse prognóstico. — Se existisse exasperação naquele plano, Blue estaria exasperada.

— Mas é isso que ela vai fazer. E o filho dela também.

O Professor ficou calado. Blue continuou:

— O filho dela é o que chamamos de consciência errante, híbrida.

— Não é.

Blue continuou:

— A cantora foi uma enviada nossa. Ela desviou-se de seus objetivos e começou a levar vida própria, encaminhando-se para um destino totalmente inconcebível para nós. — O Professor acrescentou:

— O filho da cantora é uma consciência gerada por um ser que não deveria tê-la gerado. Seus circuitos internos podem ser, inclusive, danosos para ele mesmo. Não temos referências do que pode ocorrer. Já houve casos semelhantes. É certo que esse não é o primeiro nem o único. Em nenhum deles fomos capazes de entender uma lógica de desenvolvimento. É como se algo se desviasse ou se transformasse de tal modo que perdemos totalmente a referência das possibilidades que esse tipo de consciência encarnada tem de manifestar-se. Precisamos de transdutores como você, Júlia, para nos fornecer todas as informações terrenas do modo mais coerente possível, como havíamos combinado.

Júlia notou que Blue era rígida em sua manifestação, mas o Professor reagia de modo diferente. Embora ditasse o que era concebido como regra no caso da cantora e de seu filho, ele parecia fascinado por aquele desvio de conduta. Júlia não entendia o motivo disso, mas seguia o raciocínio dele:

— Mas ela o gerou.

Blue estava praticamente discutindo:

— Você sabe que nossa espécie não pode gerar uma consciência sem a plena autorização dos outros membros, muito menos naquele plano. Por isso os vemos, tanto a mãe quanto o filho, como distorções que desrespeitaram uma de nossas leis mais severas.

— Talvez.

— Nossa raça não pode ser permeada por uma espécie mais simples e rudimentar que se encontra em um estágio de evolução tão distante do nosso. Esses problemas, porém, foram previstos anteriormente, embora nunca acreditássemos que pudessem de fato ocorrer. Mesmo assim, estamos preparados para tais hipóteses quando, infelizmente, elas se concretizam. Esse erro será corrigido muito em breve.

— E se não for um erro?

— Como?

— E se não for um erro?

Desta vez, foi o Professor quem se manifestou, embora parecesse inclinado a convencer a si mesmo:

— Uma trajetória como essa só pode ser um erro. Para nós, qualquer alternativa proposta será descabida, totalmente irrelevante.

— Talvez não. Talvez minha trajetória também não esteja errada.

Blue continuou:

— O que aconteceu hoje foge totalmente às perspectivas da pesquisa. Sem dúvida é um erro.

— Vamos averiguar.

— Não há como obter um grau de aferimento desse erro.

— Há, sim.

— Como? — inquiriu o Professor.

— A continuidade do “erro”.

No momento dessa afirmação, Júlia saiu daquele plano e, como uma consciência encarnada, retornou a seu corpo adormecido.

10

Júlia despertou no meio da festa com a vaga sensação de ter sonhado.

"Sonhado?"

Despertou com uma certeza: sentia ter uma chance. Durante toda a sua vida, enquanto aprendia a se relacionar afetivamente com os rapazes, ela os encarava como uma divertida experiência porque não conseguia envolver-se com profundidade de sentimentos. Agora, porém, estava seduzida por essa nova aventura. Sentia tudo de modo totalmente diferente do que jamais sentira. Desejava estar dentro daquele maravilhoso laboratório, tornar-se parte integrante dele, deixando de ser apenas uma observadora. E assim fez. Levantou-se e caminhou na direção da parte mais alta da casa, tomando o rumo do quarto de Walter.

Subiu rapidamente, passou pela danceteria e escalou mais um lance de escadas. Encontrou-se diante de uma porta fechada.

Por um momento, a incerteza apossou-se dela.

"Vou para casa, isso sim. Já fui longe demais."

Uma parte dela, entretanto, encantada e ávida perante essa nova situação, dizia intensamente que aquele seria apenas o começo.

"Conforme o que encontrar, peço desculpas e vou embora."

Faço, não faço. Abro, não abro...

Em um lapso, entre uma dúvida e outra, Júlia enganou o próprio pensamento e abriu a porta.

Viu um quarto com uma cama enorme. Em volta, várias almofadas e objetos de arte. Havia diversas pessoas largadas sobre as almofadas.

Na cama enorme, Walter, Mara e André. Mara estava esparramada sobre a colcha, Walter, deitado no colo de André e este olhava para a porta, os olhos muito abertos, totalmente perdidos...

Todos estavam visivelmente drogados.

Mas, ampliando sua percepção, Júlia realmente viu mais, bem mais.

Viu fachos de luz que emanavam de todos e tomavam a direção da janela. Estavam literalmente sendo "sugados". Via seus corpos, mas via também os "outros corpos", que eram sugados, perdiam a vitalidade e murchavam.

Era uma visão terrível.

Júlia focalizou a atenção em André.

Sua luz, outrora branca, estava diminuída, quase colada ao corpo. Ela ainda o protegia, mas estava fraca e pálida.

A presença de Júlia causou um estranhamento geral, mas as pessoas estavam tão fracas que nem conseguiam mover-se. Apenas balbuciaram alguma coisa.

— Júlia...

Essa foi a única palavra que André teve forças para dizer, caindo em seguida numa espécie de letargia profunda.

Nesse momento, Júlia notou que a energia restante de André se desprendeu de seu corpo e juntou-se aos outros fachos que saíam pela janela.

A jovem deu um passo para dentro do quarto e estendeu as mãos para André.

— André, pode me dar uma carona?

Um foco de luz irrompeu das mãos de Júlia, dirigindo-se para André. A luz branca do rapaz, que naquele momento se esvaía pela janela, mudou de rota e uniu-se a ela.

— Uma carona?

— Sim.

— Claro.

André tentou levantar-se, mas Walter estava deitado em seu colo. André ficara muito fraco.

Nesse momento, a luz de Mara, que ainda estava deitada na cama, retornou e pareceu misturar-se com a luz dos dois.

Mara tentou levantar-se.

— Que é isso? Aonde você pensa que vai?

Mara virou-se para Júlia e um facho de luz negra quase atingiu a jovem.

— Você não pode me deixar aqui.

Júlia aproximou-se da cama e de André.

O rapaz desviou o olhar de Júlia e falou com Mara:

— Vamos também?

Mara largou-se na cama.

— Não dá.

André afastou a cabeça de Walter do colo e levantou-se.

— Então eu vou.

Segurou a mão estendida de Júlia e se ergueu lentamente.

Os dois caminharam para a saída. Na porta, André virou-se. Júlia não sabia se ele conseguia observar o que ela vira.

— Vamos. Isto está por demais complicado.

Os dois saíram de mãos dadas.

11

André teve de apoiar-se em Júlia para sair.

— Valeu. Eu já estava nas últimas.

Saíram cambaleando pelo jardim. O peso de André deixou Júlia com falta de ar. Cada vez mais tonta, ela ainda conseguiu ver várias pessoas largadas no gramado e a energia delas, que era sugada por alguma força impalpável. Isso não acontecia com todas. Algumas, como André, embora tontas e cambaleantes, pareciam protegidas por certa luminosidade. Outras riam de quem estava caído ou contemplavam o céu, provavelmente vítimas de alguma visão alucinada.

"Esse mundo é mesmo doido", pensou Júlia.

Já não tinha muita noção de estar acordada ou sonhando. Pensava que, depois de uma boa noite de sono, talvez achasse que tudo aquilo fora um pesadelo. Resolveu concentrar-se em André. O rapaz estava muito entorpecido e bêbado demais. Saiu com ele da casa sob o olhar dos seguranças. Para eles, situações como aquela eram corriqueiras. Estava amanhecendo, embora várias estrelas ainda brilhassem no céu. Júlia não sabia o que fazer com André. Não havia táxis e, mesmo que houvesse, não tinha dinheiro suficiente. Resolveu caminhar mais um pouco. O ar da manhã pareceu despertá-lo. O bairro era muito arborizado e Júlia, que não agüentava mais o peso de André, fez com que ele se sentasse junto a uma árvore de tronco grande. O rapaz, meio adormecido, encostou o rosto no tronco. Aquilo pareceu produzir nele um efeito benéfico. Respirou profundamente e abriu um pouco os olhos.

— Acho que exagerei.

— Eu também acho.

André virou-se de lado e vomitou. Júlia sentiu um pouco de repugnância, mas achou bom que ele pusesse fora tudo o que o intoxicara. O rapaz encostou novamente a cabeça no tronco. Júlia pegou um guardanapo da festa, que estava em seu bolso, e limpou-lhe a boca. Fez isso com uma intimidade que jamais imaginara possível. Sua atenção, nesse momento, foi atraída por um alarido de vozes. A alguns quarteirões dali, uma feira livre se formava naquele final de madrugada. Júlia dirigiu-se para lá com a intenção de conseguir um pouco de água para André.

Os feirantes, barulhentos, armavam a maior algazarra enquanto erguiam as barracas. Alguns fregueses madrugadores já apareciam para levar os primeiros produtos, ainda nas caixas de madeira. Júlia aproximou-se de um vendedor de verduras e perguntou se ele tinha água para um amigo que não estava passando bem. O vendedor a mediu de cima a baixo e esboçou um sorriso de escárnio. Gritando, perguntou a outro feirante se deveria ou não dar água a ela. O outro respondeu, com o mesmo escárnio e falando mais alto ainda, que devia dar tudo o que a moça quisesse. Júlia sentiu vergonha e raiva, mas afinal assim eram os seres humanos, pensou. Sentiu raiva de tamanha insensibilidade. Nesse momento, lembrou-se das inúmeras vezes em que ficara insensível perante algumas situações. Não entendia por que se sentia diferente agora. Percebeu que a mão de alguém segurava seu braço com suavidade. Um senhor, com uma farta cabeleira branca, lhe oferecia uma garrafa de água acompanhada de um imenso sorriso. Em seguida, virou-se para os feirantes:

— Vocês não têm vergonha de caçoar assim dessa menina? Ela está precisando de ajuda.

Olhou para Júlia e, com simpatia e firmeza, disse:

— Tome. Leve essa água para seu colega.

Deu em seguida alguns passos na direção de sua banca e retirou duas maçãs de dentro de uma caixa.

— Leve também essas frutas para ele. Acho que está precisando comer alguma coisa fresca.

Júlia não tinha palavras para agradecer. De repente um gesto simples, como pedir um copo de água, transformou-se em um turbilhão de sentimentos desconhecidos para ela até então. A humilhação e em seguida a mão amiga de um desconhecido. Em dias normais, aquilo lhe seria indiferente, posto que apenas observaria a situação sem se envolver, mas a decisão de ajudar André parecia fazer com que ela se conectasse a algum universo de seu corpo físico que a tornava mais sensível. Júlia teve vontade de chorar enquanto olhava para o sorriso daquele senhor idoso de rosto redondo. Ele deve ter notado, porque apertou as mãos da moça. Ela pôde sentir os calos de uma vida repleta de suor e de trabalho. Pôde também perceber, naquele feirante, uma consciência com um universo em desenvolvimento que de algum modo se diferenciava do da maioria das pessoas. Rapidamente computava, em sua mente, formas de existência distintas naquele plano. E, mesmo sem entender o motivo disso, ficava agradavelmente surpresa com essas novas percepções em relação aos seres humanos.

Inúmeras informações mudavam rapidamente no campo perceptivo e de envolvimento de Júlia. Estava perplexa. Mais do que nunca, dispunha-se a seguir os propósitos que emergiram no momento em que decidira "mudar o contrato". Sentia tudo de modo diferente, percebia que penetrava no universo que habitava e que esse universo respondia ofertando-lhe milhões de novos conceitos ainda indescritíveis para ela.

— Vá, minha filha.

— Obrigada.

Júlia se afastou, emocionada.

André ainda estava encostado na árvore, de olhos fechados.

Tinha a expressão endurecida por um sono nada reconfortante.

Júlia não sabia direito o que fazer. Não queria acordá-lo. Derramou um pouco de água na própria mão e passou-a na testa do rapaz. Ele respirou profundamente. Júlia continuou. Derramou mais água na mão e passou-a no rosto, nos cabelos, no pescoço de André, que abriu lentamente os olhos.

— Ganhei uma enfermeira?

— Não abuse. E então? Não vai continuar de olhos fechados para ter "mais possibilidades?"

— Não. Essa possibilidade que vejo agora já está muito boa, é a melhor que eu poderia desejar...

Júlia sorriu, meio envergonhada.

— Consegue tomar água?

— Acho que sim.

André tomou a água e teve uma sensação de alívio.

— Estava precisando muito disso.

— Agora coma esta maçã. Veio bem recomendada.

André deu um meio sorriso e mastigou a maçã.

Júlia queria perguntar se o rapaz tinha visto o que ela vira, mas ficou receosa de que ele a achasse meio desequilibrada. Imagine, perguntar se ele vira aquelas luzes saindo pela janela, como se estivessem sendo sugadas por...

— Não sei por que ainda fico com esses vampiros!

— O quê?

— Você não viu tudo saindo pela janela?

— Eu... eu...

"Como ele sabe que eu também vi?", pensou Júlia.

— Loucura. Mas é minha turma. Às vezes fico muito sozinho e acontece de o pessoal me convidar para uma balada. Então eu vou e não me sinto mais sozinho. Mas, quando rolam os "baratos", sempre penso que fiz a coisa errada...

Júlia tinha muitos amigos que faziam uso de drogas. Pensava que a maioria das pessoas tinha seus vícios: drogas, bebidas, cigarros, carros, televisão, cinema ou atenção, carinho. Entendia a situação e jamais emitiu um juízo moral com relação a isso. Acreditava que cada um tinha suas necessidades e não cabia a ela dizer o que as pessoas deviam ou não fazer com seus corpos, com suas ações. Mas ficara assustada. A sucção da energia das pessoas vista naquele quarto parecia uma violência gerada por alguma força desconhecida que as enfraquecia mais e mais. Era como se essa força as encaminhasse para uma espécie de anemia energética que gradativamente as tornava menos exigentes consigo mesmas e, por fim, com a vida. Isso produzia, afinal, a sensação de que nada tinha sentido, de que nada valia a pena. Havia uma terrível inversão de valores existenciais na pior acepção possível: a única coisa que parecia ter sentido eram as drogas.

Estava admirada por saber que André também vira e percebera a mesma coisa.

— Você está espantada? Dava para ver aquela gente toda ser sugada. O pior é que eu sempre acabo enxergando...

— Você viu?

— "Ver", "ver" eu não vi. Não com estes olhos. Mas não é porque não se pode ver o ar que a gente vai dizer que ele não existe. Sempre dá para sentir. A gente sente. Eu vejo com meus "olhos internos". As pessoas ficam mais "pesadas", o ambiente se altera e alguma coisa diferente toma conta do ar.

— Mas eles não sugam você?

— Não. Não sei por quê. Eu bebo, fumo e por vezes chego a pontos piores, mas não sinto o que os outros sentem.

— Por quê?

— Sei lá. Acho que é porque não quero. Eu digo: "Daqui ninguém passa! Daqui nada sai!" Minha mãe me ensinou, mas não é fácil, é muito perigoso para a consciência ficar exposta por muito tempo a esse tipo de situação. Minha mãe disse que às vezes os danos podem ser irreversíveis nas pessoas envolvidas, e eu sei de tudo isso. Assim, apenas observo. É como se eu pudesse ficar protegido por algum tempo. Nem sempre é bom ver as pessoas perderem energia, mas eu fico fascinado com tudo o que vejo. Quando chegam ao péssimo estado em que você viu minha namorada e Walter, as pessoas se aproximam de mim e me tocam, sabe? Eu deixo, e elas melhoram. Mas comigo ninguém mexe.

— E impedir que eles mexam é o suficiente?

— Você viu, não é? Às vezes, não. Existem situações em que observo tanto que vou ficando fraco, com sono, e vou perdendo a noção de tudo. Depois desmaio e acordo mal. Você não imagina como acordo mal.

— Então por que continua com eles?

André pensou por um momento e disse, como se fosse a coisa mais natural do mundo:

— Acho que é porque eu ainda não havia encontrado você.

Júlia sentiu vontade de desaparecer debaixo da árvore. Aquilo era muito para ela. Primeiro pensou que podia ser apenas mais uma cantada. Já havia passado por muitas, algumas bastante boas até, mas aquela, fora do contexto, soava de modo esquisito em sua mente. Além disso, ressoava estranhamente em sua região cardíaca. André tinha um olhar muito sincero. Parecia acreditar realmente naquilo. Ele não queria jogar charme, elogiá-la, deixá-la encabulada nem conquistá-la. Parecia apenas uma constatação. Aquilo a surpreendeu de tal maneira que não conseguia mover-se, sorrir nem mesmo imprimir uma expressão indiferente no rosto. Ela apenas continuou olhando, sentindo aquele momento. André não parecia uma ameaça.

Júlia se inclinou e beijou o rapaz. Um beijo com o gosto de um novo dia...

André precisava pegar o avião.

Aos poucos, foi melhorando. Júlia perguntou se não seria melhor que descansasse antes de embarcar. Ele disse que precisava ir. Perguntou se ela não poderia acompanhá-lo até o aeroporto.

— E sua mala?

— Já levaram tudo.

André tinha dinheiro e os dois pegaram um táxi. Sentaram-se no banco de trás. André recostou-se, visivelmente cansado. Júlia estava ao seu lado, tensa, porém feliz. Parecia respirar pela primeira vez. A cidade amanhecia linda. Júlia também se recostou no banco. Os dois, naturalmente, ficaram com as cabeças unidas. Olharam pela janela e a manhã se revelava luminosa. "Onde estava essa luz toda?", pensou a jovem. Tinha a impressão de que nascera naquele instante.

Júlia aos poucos foi fechando os olhos. Podia sentir seu corpo aquecido junto ao corpo de André.

"Tenho a sensação de que alguém está muito bravo comigo. Mas vou esquecer isso, já não é tão importante."

Fechou completamente os olhos, sentindo o brilho e o vento da cidade.

12

No outro plano, decisões deviam ser tomadas. O Professor comunicava-se em bloco com Blue.

— A situação está saindo muito de nossa perspectiva.

— Sim — o Professor respondeu à afirmação de Blue.

— Será preciso tomar uma atitude para que tudo o que já foi investido não se perca novamente.

— Tomaremos providências mesmo sem o consentimento dela?

— Sim. Ela não tem consciência das possíveis conseqüências para todos.

— Interessante...

Durante as informações em bloco, o Professor parecia interromper o diálogo e refletir. Reflexão, porém, era pura comunicação.

"Até que ponto se pode interferir na vida dessas duas consciências sem alterar sua trajetória individual, ou seja, suas escolhas?"

Blue não conseguiu enviar nenhuma informação. Essa não era uma vertente da pesquisa. Eles deveriam preocupar-se com o conteúdo da informação programada daquela que estava "em campo" e desviá-la dos possíveis descaminhos. Aquele, sem a menor sombra de dúvida, era um descaminho e precisava urgentemente ser corrigido. Se continuasse desse modo, Júlia jamais saberia quem de fato era, e isso certamente dificultaria sobremaneira suas metas terrenas de pesquisa.

— Esse não é o objeto de nossas pesquisas.

Se respirasse, o Professor daria um suspiro de desabafo ou quem sabe de preocupação.

Ele prosseguiu:

— Vamos nos encaminhar para os procedimentos de correção.

Ao chegar ao aeroporto, Júlia insistiu para que André tomasse alguma coisa. Sentaram-se em um pequeno café, perto de uma janela de vidro de onde podiam ver a pista. Mantiveram-se em silêncio. Júlia tinha dúvidas sobre o que acontecia com ambos. André parecia não se importar, estava apenas vivendo. Vivendo a situação. Um sorriso sincero e intenso iluminava constantemente o rosto do rapaz.

Os dois foram abalados pelo fragor de um imenso jato que decolava.

— Bobagem, não é?

— O quê?

— Esse trabalhão todo para voar...

Será que André também vivera a experiência de viajar sem o corpo? Era muita informação para um só dia. Júlia começou a ficar angustiada. André se afastaria dela, e então? Será que o veria de novo? E o beijo? E a namorada? Ele não pediria, afinal, seu telefone?

O rapaz pareceu sentir a onda de angústia vinda de Júlia, pois virou-se bruscamente para ela:

— O que você está fazendo?

— Como assim?

— Por que quer estragar esta bela manhã, Júlia? Vamos viver intensamente o agora, o momento presente é tudo o que temos, na verdade, é tudo o que qualquer pessoa tem. Aproveite este momento. Sabemos que tudo o que está acontecendo entre nós é e sempre será muito bom para ambos.

Para André, questionar os motivos daquela situação seria passar para uma espécie de racionalização infundada. Seria sair do que era só deles naquele momento.

Júlia queria responder que não sabia do que ele estava falando, mas resolveu ser sincera:

— Eu apenas estou insegura.

— Por quê?

— Não sei. Você vai achar ridículo, mas gostaria de vê-lo novamente! Desculpe, não sei por que disse isso. Sou uma tola mesmo...

André segurou suas mãos, e ela imediatamente se calou. Olharam-se. André estava sorrindo. Seus olhos pareciam brilhar ainda mais por causa da luz da manhã.

— Você está com medo de que a gente não se veja mais?

— Sim.

— Como pode ser se agora eu já encontrei você?

Júlia ficou esperando por outro beijo, mas os dois apenas se olharam. Ambos esboçaram um sorriso ímpar, um sorriso de cumplicidade. Júlia ficou envergonhada por sua incerteza.

André desviou o olhar para a pista. Não por vergonha, e sim porque queria fazer isso.

— Aquele é meu avião.

Júlia olhou e viu um pequeno avião. Pequeno e frágil. "Frágil demais", pensou.

— Achei que seu avião fosse maior.

— O maior saiu ontem à noite. De manhã eles só têm essa linha.

Em seguida, ouviram a chamada do vôo e levantaram-se. Júlia se sentia um pouco desajeitada. Cada momento com aquele rapaz lhe trazia uma emoção diferente.

No portão de embarque, trocaram um último olhar.

— Obrigado.

— De nada. Você vai ficar bem?

— Depois de hoje, vou ficar ótimo para sempre.

Trocaram um beijo muito suave. Um beijo com gosto de eternidade.

13

Ao mesmo tempo, um jovem médico recém-formado dirigia seu carro pela estrada para visitar um amigo na cidade vizinha.

Estranhou receber a ligação de um colega de escola que havia muito não encontrava. Mesmo assim, aceitou o convite para visitar sua casa de praia. Como ele próprio estava também de férias na praia, embora em uma cidade vizinha, aproveitou aquele domingo para rever o ex-colega.

Era bom estar de férias, afinal havia passado os últimos meses dentro de hospitais do governo, entre suturas em favelados e cirurgias de emergência para retirar balas de assaltantes. Isso era necessário, afinal cursara uma faculdade pública e fora obrigado a fazer esses estágios.

Estava agora apreciando a linda estrada, cheia de curvas, que acompanhava a encosta da montanha, de onde podia observar as ondas que, lá embaixo, batiam nas rochas. Estranhava também o fato de estar sozinho naquela tarde.

Hospedara-se na casa de veraneio dos pais. Tinha saído com algumas garotas da cidade praiana sem nenhum compromisso, é claro. Sempre havia uma garota a seu lado, mas naquele domingo estava sozinho. Não saíra na noite anterior. Na verdade, estava se arrumando para sair, e com muito capricho, como se fosse a um encontro. Um encontro marcado. "Mas marcado com quem?", pensou. De repente, porém, perdeu a vontade. Uma estranha letargia apoderou-se de seu corpo. Penteado, arrumado e com a roupa bem passada, resolveu sentar-se um pouquinho no sofá. Diante dele havia um televisor, mas o jovem médico olhava a praia através da janela da sala. Olhava fixamente a bela paisagem. Disse para si mesmo: "Já vou...", mas continuava a olhar o horizonte. "É melhor sair logo...", mas continuava imóvel. Não estava possuído por nenhum mau pensamento nem perdera o controle do corpo. Apenas havia decidido sentar-se. Os primeiros bocejos surgiram alguns minutos depois. Em breve começou a pestanejar, lentamente, e em seguida adormeceu. Estava sentado, mas logo depois se acomodou entre os confortáveis braços do sofá. Acordou cedo e, em vez de sair pelo calçadão para uma corrida matutina à procura de amigos ou de garotas, permaneceu ali, quieto, sem vontade de encontrar quem quer que fosse.

No mesmo momento em que Júlia olhava a cidade através da janela do táxi, o jovem médico, Ronaldo, era despertado de sua letargia pelo telefonema de seu ex-colega de escola.

Ronaldo dirigia agora pela estrada com calma, sem nenhuma ansiedade.

Júlia enfim adormeceu. Estava cansada, com sono, louca por um banho e por sua cama, mas se sentia "nas nuvens". Era evidente que se apaixonara por André, deixando que todos os sentimentos tomassem conta de seu corpo — a ponto de Dalva, a governanta da casa, estranhar aquele passo leve, o brilho do olhar e o pequeno sorriso que pairava em seus lábios. Para a governanta, Júlia parecia "sorrir" por inteiro. Em vez de comentar o que notara, apenas repreendeu a menina por sair no dia anterior e só retornar de manhã. Júlia, porém, não brigou com Dalva por causa disso. Já havia dito muitas e muitas vezes que não precisava dar satisfações a ela, apenas a seu pai, que estaria fora durante a semana inteira. Ela simplesmente subiu para o quarto e, após o banho, caiu na cama, adormecendo quase de imediato. Sonhava antes de dormir e continuou sonhando.

Seu sono, entretanto, não foi nada tranqüilo. Várias imagens vinham e voltavam, lutando para tornar-se nítidas, mas algo parecido com um apagador de lousa embaçava todas elas. Eram imagens difusas, semelhantes a um céu escuro refletido na água fria.

Júlia mais parecia um rádio em sintonia com várias estações ao mesmo tempo. Estava fora de seu eixo e, como se não bastasse, sentia-se dominada por forças que aparentemente não conhecia. Era como se estivesse na estrada, tentando manter o carro no meio da pista, e uma força invisível virasse o volante para cá e para lá. Júlia já tivera essa sensação alguns anos antes, em outro sonho, na ocasião em que sua mãe falecera.

Horas depois, acordou, meio febril, mas não estava nem um pouco refeita. Tinha os olhos pesados. Era noite de domingo. Sentiu fome e desceu para comer alguma coisa. Júlia detestava as noites de domingo.

O domingo, para ela, era um dia maravilhoso. A atmosfera da cidade ficava diferente, mais leve, não apenas pela razão óbvia de que a maioria das pessoas aproveitava seu dia de lazer como também pela ausência de tensão, que deixava o dia mais tranqüilo e silencioso. Até os pássaros e as árvores pareciam preparar-se para o domingo. A natureza tornava-se mais vistosa, pronta para ser apreciada. Mas a noite de domingo não era assim. Toda a tensão da semana parecia voltar logo após o crepúsculo. Talvez a simples aproximação da segunda-feira, quando as pessoas tinham de acordar cedo e retomar seus empregos muitas vezes tediosos, bastasse para carregar o ar de certa eletricidade negativa.

E foi nesse estado de espírito que Júlia ouviu, pela televisão, as últimas notícias do programa de domingo favorito de Dalva.

— Acordou? — perguntou a governanta, voltando-se para ela.

Júlia murmurou alguma coisa. A voz do apresentador (que se esforçava para ser simpático, mas não conseguia) soava de modo distante.

— Vou preparar alguma coisa para você comer. Deve estar com fome, não é? Dormiu o dia inteiro.

Júlia se arrastava para a cozinha, sem forças para dizer sim ou não.

— Você está bem?

Dalva pensou que a moça estivesse naquele estado letárgico tão comum quando as pessoas dormem durante muitas horas. Levantou-se do sofá, pegou o controle remoto e desligou o televisor no momento exato em que o apresentador retirava o sorriso do rosto, mostrando-se sério, para dar mais uma notícia:

— Um avião bimotor caiu alguns minutos depois de decolar.

Uma descarga de adrenalina invadiu Júlia, tirando-a de seu torpor. Desceu o resto das escadas correndo e ligou novamente a televisão.

Uma foto dos mapas da cidade de onde o avião decolara, assim como do local de destino, ligados por uma linha pontilhada, mostrava o trajeto da aeronave. Uma animação mostrava o aeroplano, muito parecido com o de André (parecido demais, meu Deus!), desaparecendo do mapa e caindo no mar.

A voz do apresentador voltou e deu novas informações, que acertaram Júlia como facadas. No avião estava o filho da famosa cantora — o único sobrevivente, encontrado desacordado, boiando nos destroços. Uma foto de André apareceu ao lado do apresentador. O avião caíra a uma centena de metros da praia, e o filho da cantora fora resgatado pela guarda costeira. No momento, estava internado num hospital da cidade praiana próxima do local do acidente. Os médicos não aconselhavam a transferência para um hospital mais bem equipado devido à condição delicada de André.

O chão pareceu escapar dos pés de Júlia. Ela desmaiou na sala, na frente do televisor.

O encontro com o amigo foi estranho, muito estranho. Aquele dia estava estranho. Ronaldo pouco falou. O outro também não se esforçou muito para dispersar o silêncio. Tampouco entendia direito por que convidara seu antigo colega de classe para visitá-lo. A amizade deles não fora muito significativa nos tempos de colégio. Mas, por "acaso", encontrou o telefone de Ronaldo na casa dos pais, na praia, e, por impulso, ligou para ele para marcar aquele encontro. Chamou-o quase certo de que não aceitaria o convite, mas ele aceitou...

Agora estavam ali, esforçando-se para mostrar-se agradáveis um para o outro sem conseguirem seu intento. O assunto entre os dois se esgotara logo que terminaram de falar sobre as lembranças da adolescência. Silêncios longos pairavam entre um assunto e outro, mas isso não era constrangedor. Parecia que ambos deviam estar ali. Haviam entrado em um barzinho a alguns quarteirões do mar. O amigo sugeriu aquele lugar não porque fosse seu preferido, e sim apenas porque a imagem do barzinho lhe veio à mente quando telefonou para Ronaldo.

Foi com admiração que notaram a ambulância que passou por eles, cujas luzes piscavam freneticamente.

— Nossa! Parece grave — disse o amigo de Ronaldo.

— Ora, já vi muitas ambulâncias assim. Você sabe que os motoristas costumam ligar as sirenes só para escapar dos congestionamentos?

— Mas aqui na praia não existem muitos congestionamentos.

Ronaldo ficou pensando naquilo. Bem, o assunto estava esgotado. Os dois decidiram encerrar o encontro naquele momento. Chamaram simultaneamente o garçom. Dali mesmo Ronaldo pegaria o carro e voltaria para a cidade vizinha. Despediram-se fazendo a promessa falsa de encontrar-se novamente.

O barzinho ficava a poucos quarteirões do hospital da cidade. Ronaldo passou por ele e viu a ambulância no estacionamento do pronto-socorro. Mais por hábito do que por curiosidade, parou o carro diante do hospital. "Fiquei louco? Estou de férias e paro em um hospital?" Aproximou-se do motorista da ambulância, que morava na cidade e estava queimado de sol, e perguntou o que havia acontecido.

— Acidente de avião! Parece que a situação é muito grave. Acho que o moço não vai agüentar, não.

Naquele momento ninguém sabia ainda quem era o único sobrevivente do desastre aéreo.

Ronaldo entrou no hospital. Viu que era simples e não tinha muitos recursos, como a maioria dos hospitais situados fora da capital. Na recepção, identificou-se como médico e perguntou sobre o acidentado. A recepcionista apontou uma enfermeira que tratava um paciente a poucos metros dali. O hospital estava uma loucura. Acidente de ônibus. Várias pessoas recebiam os primeiros socorros ali mesmo no saguão. Um hospital de praia não costuma atender muitos acidentes. Ronaldo perguntou à enfermeira onde estava o sobrevivente. "No pronto-socorro", respondeu a moça.

Através de uma janela, Ronaldo viu o rapaz, um pouco mais novo que ele próprio, deitado numa maca. Com as roupas rasgadas e muito sangue no rosto, recebia várias bandagens. Outra enfermeira cortava rapidamente, com uma tesoura, o que restara das roupas. Um homem de jaleco branco, médico com certeza, saiu da sala e viu Ronaldo de bermuda, como se fosse uma peça estranha naquele recinto. Perguntou, com certa irritação, o que estava fazendo ali. Ronaldo informou que também era médico. O plantonista imediatamente se mostrou interessado em seus possíveis préstimos.

— Você veio ao lugar certo. Estamos com poucos médicos e abarrotados de emergências.

Ronaldo perguntou sobre o estado do sobrevivente da queda do avião. Ele disse que a cabeça recebera um grande golpe e também havia várias fraturas pelo corpo. Parecia haver ainda algum sangramento interno. Precisavam conter a hemorragia o mais depressa possível. O médico perguntou se Ronaldo poderia ajudar.

— Claro!

Chamou uma enfermeira e pediu roupas adequadas para Ronaldo.

— Volto daqui a alguns minutos. Preciso ver outros pacientes.

Ronaldo entrou na sala e observou o sobrevivente de perto. Quem era aquele rapaz desacordado? Tinha a impressão de conhecê-lo de algum lugar. Ele fora treinado a não se envolver com os pacientes para evitar quaisquer relações emocionais com as pessoas que tratava, mas observou, com estranheza, que sentia alguma coisa indefinida com relação àquele rapaz.

Notou, com a mesma estranheza, que não nutria nenhuma simpatia por ele.

14

Dalva, a governanta, fora praticamente forçada a dirigir o carro até a cidade onde André fora socorrido.

Ela acompanhava a família desde a morte da mãe de Júlia.

Consumida pelo câncer, mas resistindo bravamente, a mãe de Júlia, pressentindo que em breve partiria, quis dar à filha uma substituta — pelo menos nas necessidades caseiras. Nos outros aspectos (uma segunda mãe, por exemplo), isso caberia ao pai da menina. É claro que não contou suas profundas intenções ao marido, pois ele achava que a casa não precisava de governanta. Mas, piorando a cada dia, insistiu e foi atendida. A mãe de Júlia entrevistou várias candidatas ao lugar de governanta de uma casa de classe média alta, mas nenhuma parecia adequada a seus desejos.

Em certa ocasião, cansada do hospital, optou pelo tratamento doméstico. Não mais queria saber de corredores brancos, médicos e pessoas doentes, embora ela mesma fosse uma. O médico avisou à família que não seria prudente fazer o tratamento em casa, mas acabou cedendo devido à gravidade da doença. A mãe de Júlia sentia dores terríveis, mas não perdera a consciência. Isso só ocorreu durante os últimos dias.

Nessa época, o médico recomendou a presença de uma enfermeira para acompanhá-la 24 horas por dia. Ela teve seus receios, mas acabou por aceitar. Quando ainda estava no hospital, recebeu a visita de uma enfermeira de cerca de 40 anos, muito solícita, embora tivesse uma expressão de severidade no rosto. Antes de iniciar a conversa, a primeira coisa que a enfermeira fez foi pedir à mãe de Júlia (se pudesse e não se importasse) que lhe permitisse ajeitar a cama para que ela ficasse em posição mais confortável. Demonstrou empatia e afetividade com essa atitude e, mesmo com seu ar austero, conquistou a todos. Foi bem recebida na casa quando lá chegou com a mãe de Júlia. Seria um período de experiência. Nessa ocasião, Dalva foi apresentada à menina, que lhe pareceu viver em outro mundo...

Na mesma noite, a mãe de Júlia sentiu dores terríveis e gritou muito. Dalva permanecia sempre ao seu lado. Ela notava que a enfermeira não demonstrava pena no olhar, não dizia palavras de conforto, mas estava longe de ser uma pessoa fria, apenas fazia o que precisava ser feito. Ficava sempre em silêncio, mas suas ações passavam imenso carinho.

De manhã a dor ainda não havia passado, mas estava sob controle. A mãe de Júlia fechou os olhos, molhada de suor, e tentou respirar sem sentir dores. Ouviu então um lamento. Era Júlia, que chorava no quarto ao lado. A mãe ficou triste, sabia que essas lágrimas eram por causa ela. "Não deve ter dormindo a noite inteira! Culpa minha." Com os olhos semicerrados, viu que Dalva estava na porta e falava baixinho com a menina. Fingiu dormir para ver o que aconteceria. A enfermeira olhou uma vez para ela, constatou que parecia adormecida e saiu do quarto. A doente ouviu seus passos enquanto descia a escada, percebeu-a na cozinha, mexendo em algumas panelas, e após algum tempo ouviu que ela voltava. Podia sentir o cheiro de canja de galinha, que invadiu a casa. Ouviu Dalva entrar no quarto de Júlia e oferecer-lhe a sopa quente. Ouviu o som de talheres. Sua filha estava comendo. Ouviu Dalva perguntar sobre alguns livros que havia na estante. Júlia respondia em voz baixa. Podia perceber a conversa das duas, aos sussurros, para não acordá-la. O som dos movimentos da colher continuava. Aquelas vozes discretas pareciam música suave aos seus ouvidos. Toda a dor cessara naquele instante. A mãe de Júlia encontrara quem estava procurando.

Ela faleceu alguns meses depois, e o pai de Júlia pediu a Dalva que continuasse na casa, conforme era vontade da esposa, para tomar conta de tudo, inclusive da menina.

Júlia e Dalva percorriam agora a estrada do litoral.

O quadro de André era estável. Fora internado na UTI, e a hemorragia cessara. Ronaldo permanecia ao seu lado. Ofereceu-se para ficar na UTI, responsabilizando-se também pelos outros doentes. Nessa altura, todos já sabiam que André era filho da famosa cantora. Alguns repórteres estavam diante do hospital aguardando sua chegada, pois havia informações de que ela cancelara um show e se dirigia ao hospital.

Ronaldo não sentia nenhum apreço pelo rapaz, por isso ainda não entendera por que estava lá. Era envolvido por sensações mais fortes que ele. Tinha a impressão de que devia estar ali, embora ignorasse o motivo.

Apenas notava que todos os seus pensamentos relacionados a uma lógica mais exata (que na certa fariam com que se retirasse do local) eram, para sua grande surpresa, apagados de sua mente. Quanto mais se esforçava para ter uma visão realista da situação, mais aumentava aquela confusão paralisante que se instalara em sua mente. Por fim, desistiu de lutar e resolveu ficar para ver o que aconteceria.

Ele, porém, não era o tipo de pessoa que acreditava em "forças" invisíveis. Em certo momento, achando tudo aquilo, inclusive suas percepções, um grande absurdo, reuniu toda a sua determinação e decidiu ir embora. Nesse exato momento, um dos médicos de plantão o abordou pedindo que ficasse na UTI. Todos os outros médicos estavam muito ocupados naquele dia.

E Ronaldo ficou cuidando dos doentes. Percebeu, porém, que prestava atenção especial em André, que permanecia deitado, imóvel, ligado a vários equipamentos complexos. Perguntou-se novamente por que ficava ali olhando aquele paciente, quando poderia estar em casa, bebendo com os amigos ou namorando uma das belas moças que conhecera durante as férias. De alguma forma, aquele rapaz o tirara de sua tranqüilidade, de seu descanso. Isso era ilógico. Sabia, racionalmente, que estava ali por escolha própria, mas não era bem isso que sentia. Não havia nada que o obrigasse a manter-se ali, a postos. Mas, ao mesmo tempo, sabia que continuava ali por causa do rapaz, agora mantido em vida artificial por todos aqueles aparelhos. Ronaldo pensou: "Toda uma vida reduzida a alguns botões de *on* e *off*".

O jovem médico achou a situação em que se envolvera ao mesmo tempo dramática e patética. Um simples botão podia manter ou não a vida de uma pessoa. E, naquele exato momento, ele tinha esse poder. Os aparelhos mantinham a vida, mas era ele que podia, ou não, desligá-los. Era uma espécie de imitação de Deus. Sentia-se dono do destino de um ser humano. Por um breve instante, o poder da vida e da morte estava em suas mãos. É claro que, como médico, já havia passado diversas vezes por situações em que seus pacientes dependiam muito dele para sobreviver. Pelo menos era assim que julgava. Mas nunca percebera com tal intensidade o poder de sua profissão. Assustou-se consigo mesmo ao pensar dessa maneira, principalmente porque sabia que aquele ser humano deitado e imóvel, entre a vida e a morte, nada podia fazer.

Se desligasse os botões, refletia, talvez fizesse um favor ao rapaz. Segundo seus colegas, André estava entre a vida e a morte. Se vivesse, teria sérios problemas. Sua cabeça recebera um trauma profundo. Se sobrevivesse, sua condição provavelmente seria vegetativa, talvez nunca mais despertasse. Bastava um toque, e a liberdade seria concedida ao rapaz. Ele era o responsável. Desligaria a máquina, esperaria o paciente perecer e a ligaria novamente para não despertar nenhuma suspeita. Assim, aquela consciência ganharia a liberdade para continuar existindo, não mais, contudo, nos padrões deste plano. Faça isso, Ronaldo, faça isso. Esse menino não merece viver como um vegetal...

Uma simples pressão em alguns daqueles botões, e lá se extinguiria mais uma vida. *On, off. On, off, off, off...* Ronaldo estava assustado com esses pensamentos que o acometiam, sabia que não faziam parte de seu modo habitual de raciocinar.

— Doutor?

A enfermeira o chamou quando já quase erguia a mão.

— O senhor pode olhar este paciente? Parece estar tendo convulsões.

Ronaldo despertou de seus devaneios e foi examinar o outro paciente.

15

Júlia chegou ao hospital no meio da noite. Alguns repórteres estavam na porta.

"É a segunda vez que vejo repórteres em menos de dois dias", pensou.

Eles perguntaram se ela era parente do acidentado. Respondeu que não.

Um repórter que estivera na festa reconheceu Júlia.

— Ela chegou à festa com André. Deve ser a namorada.

— Não. A namorada já está lá dentro — disse outro repórter.

— Você é "amiga íntima" de André? — perguntou um terceiro, quase enfiando o microfone na boca de Júlia.

A fome de informações dos repórteres e fotógrafos redobrou. Um batalhão de flashes invadiu o ambiente. Júlia foi salva por Dalva, que segurou o microfone e o empurrou de volta ao repórter:

— Mais respeito, mocinho, ou eu vou enfiar esse microfone em sua boca para ver se é bom. Que falta de ética!

Abraçou Júlia e ambas entraram rapidamente no hospital. Lá estavam várias pessoas pedindo informações ou aguardando notícias dos parentes envolvidos no acidente de ônibus. Júlia não se alimentara e sentia-se muito frágil. Dalva foi à recepção e, depois de ser ignorada, levantou a voz para que a ouvissem. Ela conhecia os macetes dos hospitais por ter sido enfermeira durante muitos anos e em breve apareceu com a informação de que necessitava. Dalva identificou Júlia como amiga do rapaz, e ambas foram levadas para uma sala especial.

Ao entrar na sala, Júlia deparou com as pessoas mais próximas de André: sua mãe, seu pai, Walter, o dono da festa, e a namorada do rapaz, Mara.

Esta levantou-se imediatamente e investiu sobre Júlia:

— O que é isso? Que brincadeira é essa? O que você fez? Você matou André. Você matou André!

Júlia podia ver as olheiras enormes de Mara, provocadas pelo choro e pela noite de insônia. A moça aparentava ter sido acordada às pressas. A mãe de André apareceu prontamente para acalmar a situação. Isso foi bom porque Dalva já estava pronta para reagir e avançar sobre Mara. A cantora acalmou os ânimos e novamente encarou Júlia de modo especial. Ela parecia muito triste, mas de seus olhos brotou uma luz de compreensão. Levou Júlia para outra sala, e a moça queria saber o que acontecera. A cantora lhe disse: André estava muito mal, teve várias fraturas e a cabeça fora muito afetada. Ainda era cedo para dizer, mas existia a possibilidade de ele ter ficado sem oxigenação suficiente no cérebro. Não se sabia se resistiria. Em caso positivo, não era possível dizer se haveria ou não seqüelas graves.

Júlia chorou, e a cantora abraçou-a. Após alguns instantes, encarou profundamente a jovem:

— Você foi a última pessoa que esteve com ele. Conte-me o que aconteceu.

Júlia falou da despedida no aeroporto.

— Não — replicou a cantora. — Conte-me tudo, desde o momento em que se conheceram.

Júlia então começou a falar sobre o parque, o desmaio, o auxilio de André, o hospital, a festa. Contou como tirou André da festa, mas não disse nada sobre as energias voadoras que vira. Comentou que o rapaz passou mal e também que ambos foram juntos para o aeroporto.

— E depois? Vocês ficaram só amigos? Houve algum beijo? Conte-me detalhes, Júlia. Os detalhes é que são importantes.

A moça não compreendia. Os detalhes não poderiam esclarecer os motivos do acidente. Mas ainda assim contou. Abriu o coração. Era impossível guardar segredos diante daquela mulher. Explicou como fora atraída por André, como gostara do beijo, como se sentira outra pessoa ao lado dele.

A cantora ouviu. Quando Júlia afinal se calou, suspirou profundamente.

— Eu sabia que isso aconteceria algum dia.

Júlia não entendeu. O rosto da cantora denotava cansaço, muito cansaço.

— Posso chorar um pouco em seu ombro?

Desta vez, foi a própria cantora que deitou a cabeça no ombro de Júlia e chorou.

16

Todos aguardavam notícias. Júlia ficou ao lado da cantora durante o tempo todo, protegida da fúria de Mara. O médico enfim surgiu e informou a situação de André. Ele estava fora de perigo, mas em coma. Um coma profundo. Não sabiam quando se recobraria — nem mesmo se isso ocorreria.

Foi como se o teto tivesse desabado, esmagando a todos. O pai e a mãe de André permaneciam abraçados na tentativa de apoiar um ao outro. Júlia observava toda a cena e sentia como se estivesse num sonho. Apenas alguns dias atrás, ela nem sequer conhecia aquelas pessoas, não tinha idéia de que André existisse. E agora estava ali, junto desses desconhecidos, chorando por um rapaz que talvez ficasse adormecido para sempre e que a beijara sob uma árvore...

Júlia fugiu dali. Correu pelos corredores brancos, procurando uma saída. Viu uma porta de vidro aberta e dirigiu-se para lá. Saiu para uma pequena área com um jardim, algumas árvores e uma capelinha no centro. Caminhou na direção da capelinha e entrou. Era minúscula. Dentro havia algumas cadeiras e um genuflexório junto a um pequeno altar. Sobre o altar, a imagem de uma mulher de braços abertos, envolta por um manto azul. Era a imagem de Nossa Senhora. Júlia nunca fora católica praticante, mas recebera os primeiros sacramentos. Não acreditava em imagens. Por que as pessoas não percebem que rezam para um objeto material que não passa de uma fôrma de barro, como se fosse um tijolo?

Era assim, pelo menos, que pensava.

Júlia entrou na capelinha e sentou-se na segunda fila de cadeiras. Ajoelhada junto ao altar, havia uma senhora idosa. A jovem observou sua conversa com a imagem. A anciã olhou para Júlia, mas pareceu não ver, e continuou a conversar quase num sussurro. Ridículo, muito ridículo. Por que pedir coisas a um pedaço de gesso pintado? Mesmo que a mulher representada pela imagem tenha existido em algum lugar, as pessoas deveriam saber que não falavam com ela. Para Júlia, tudo era apenas lógico: as pessoas simplesmente falavam com estátuas de barro. Era assim que interpretava a maioria dos eventos humanos que via com seus olhos físicos — através da lógica.

Apesar disso, era agradável acompanhar a conversa. Não ouvia tudo, apenas algumas expressões. Era bem estranho. A anciã parecia pedir uma coisa muito difícil, "ela sabia", mas Nossa Senhora precisava considerar sua súplica. Incrível, ela tentava convencer a estátua de que seu milagre era necessário, como se houvesse um código em que ela poderia escolher "este" ou "aquele" milagre. Era absurdo, muito absurdo. Júlia recostou-se na cadeira e ficou, com um sorriso irônico, ouvindo a "conversa" daquela senhora. À medida que se acalmava, começou a notar que a mulher e a estátua ficaram meio difusas e as figuras de ambas foram perdendo o contorno. Um brilho intenso tomou conta da anciã. Júlia viu (incrível!) uma luz cintilante que saía de suas mãos entrelaçadas e se dirigia para... a imagem! E a imagem brilhava com a mesma intensidade. Era como se estivesse em meio a uma espécie de fogo.

Outra senhora chegou e fez uma saudação à santa. Um "raio" (como os da festa de Walter) curto e fino lançou-se na direção da estátua e misturou-se com aquela espécie de "fogo". Júlia percebeu que o fogo da estátua, em certos momentos, lançava raios para o alto. Esses raios dispersavam-se em várias direções. Não. Eles não "se dispersavam", simplesmente desapareciam, como se fossem dali para outro lugar.

De repente, uma das fagulhas saiu do nada e envolveu a senhora idosa, iluminando-a. Ela pareceu sentir o efeito disso, pois um sorriso se estampou em seu rosto. Era uma longa conversa.

"Creio que funciona", pensou Júlia.

A jovem, cansada, foi fechando mais e mais os olhos. A oração da mulher, sussurrada, causou-lhe um sono intenso. Parecia uma canção de ninar.

Antes de adormecer, pensou em André. Não deitado em uma cama de hospital, sem consciência, ferido. Júlia pensou no sorriso largo de André, em seus olhos e seus lábios. Pediu que ele ficasse bem. Pediu para quem pudesse ouvir...

Adormeceu nesse instante e não viu que um raio de luz saiu dela na direção da imagem, juntando-se ao fogo. Não viu também quando outro raio, vindo de cima, envolveu o alto de sua cabeça no momento exato em que ela saía do corpo.

Sentiu-se transportada para longe da capela, muito além das nuvens, rumo ao espaço. Havia um brilho intenso ao fundo e, à frente, abriu-se a imagem de um lugar. Era um local branco, mais brilhante que o próprio branco. Júlia não sentia o formato de seu corpo. Não sabia se possuía os contornos de uma mulher ou de uma bola de fogo. Viu então que alguma coisa se aproximava. Era também indefinida, difusa. A imagem aos poucos ficava mais e mais nítida. Sim, agora podia ver claramente, era André!

No momento em que se identificaram, um facho de luz interligou ambos. Iniciaram então um diálogo de informações em bloco.

— É estranho, Júlia, ainda não sei direito o que está acontecendo. Vejo as pessoas em volta de mim, vejo meu corpo, mas não consigo movê-lo. Sinto uma dor terrível quando tento fazer isso.

— O médico disse que você está em coma e não sabe quando vai acordar.

— Mas eu estou acordado, você não vê?

Uma terceira mensagem se instalou entre os dois.

— Mas não pode mover seu corpo humano. E assim ficará. Será o tempo necessário para que o projeto se reorganize.

Júlia sentiu a presença de Blue como uma luz branca ao seu lado. Estavam em um plano em que as consciências não se traduziam em formas.

"Isso não é justo", pensou ela.

— Não se trata de um julgamento de valores. É um objetivo a ser conquistado. Foi decidido em grupo. Você faz parte do grupo e concordou com seu quinhão de responsabilidade nesse projeto. Foi escolhida para o projeto Terra. Pesquisamos inúmeras outras consciências e você, por amplos motivos, foi escolhida.

— Acho que já ouvi isso antes. Eu me lembro, agora me lembro: queria mudar esse objetivo.

A consciência de André recebia as informações e refletia sobre elas. Notou que a cor do campo energético de Júlia começava a ficar escura.

— Isso não é possível. Estamos empenhados em dar prosseguimento ao projeto com ou sem sua cooperação e para isso faremos com que os acontecimentos dessa linha de tempo e espaço caminhem do modo previsto anteriormente. A possibilidade que esse quase-humano tem de interferir no experimento é agora praticamente nula.

— Quer dizer que, se eu não aceitar o projeto, vocês vão interferir em minha vida até que as coisas tomem o rumo que desejam?

— Exatamente. Lembre-se, porém, de que você foi treinada para assumir o controle do projeto Terra e foi avisada previamente de que poderia passar por um processo de entorpecimento da idéia original. Lembre-se também de que foi treinada para suportar o esquema desse planeta, que hipnotiza seus habitantes a ponto de reduzir todos os seus potenciais à diminuta possibilidade de tornar-se animais humanos sem autonomia. Além disso, os terráqueos ficam anestesiados pela toxicidade emocional dele emanada. Nossa pesquisa está nessa linha de tempo e de entendimento. Outras possibilidades poderiam ser estudadas em diferentes tipos de pesquisa, e não neste.

Júlia pensou em um palavrão. Uma onda escura saiu dela e atingiu Blue. Mas o raio se dispersou sem entrar em contato com o "corpo" da outra.

Blue, ao ver essa manifestação, informou:

— Lembre-se também de que há bilhões de anos não mais vibramos nesse tipo de padrão emocional que você acaba de irradiar. Não terá acesso a nós por essa via. Por favor, não se reduza, lembre-se de quem é.

— Vocês não entendem que eu continuo na pesquisa?

— Pode ser, porém fora dos padrões preestabelecidos.

— E estou indo bem. Para experimentar as emoções, para saber o real significado dessa raça que evoluiu através dessas emoções, torna-se necessário vivê-las intensamente. Não basta apenas observar de fora. Além disso, só com uma nova experiência feita por meio de nossa consciência atual poderemos saber se as emoções nos darão acesso a um novo tipo de energia vital, assim como um tipo de acesso diferente do que conhecemos em outras lâminas de realidade multidimensional. Penso agora, e mais do que nunca, ser necessário vivenciar as emoções penetrando nelas com lucidez e concentração em nome do avanço do projeto. É assim que passei a ver nossa situação daqui em diante no universo terrestre — graças a minha presente condição de consciência encarnada.

— Nenhum procedimento fora dos padrões pode ser considerado correto e, portanto, deverá ser ignorado. Já discutimos essa possibilidade, em sua presença, anteriormente.

— Mas na ocasião dessa discussão eu ainda não sabia vibrar na categoria dos humanos. É justamente por ter aprendido a vibrar que agora sei que nosso planejamento está incorreto. Não acredito que nós não tenhamos sido capazes de prever todas as possibilidades existentes.

Aquela conversa era muito difícil para Júlia. Lembranças da antiga linguagem pareciam despertar de pontos inimagináveis de sua consciência.

17

André teve a sensação de estar presenciando a conversa mais absurda de sua existência. Não conseguia entender por que se referiam a ele como um quase-humano. Não que discordasse nem desacreditasse do que ouvia. Apenas achava absurdo o simples fato de ouvir. Não sabia que sua presença era um problema para a tal experiência nem conhecia o motivo disso.

Naquele momento ainda não conseguia ter consciência total de si mesmo.

Gradativamente, porém, começava a recobrar sua memória multidimensional. Relembrava com imensa clareza todos os seus conhecimentos, bem como a origem da totalidade de suas existências. Tudo lhe chegava de modo extremamente lúcido. Suas vidas em vários planetas misturavam-se a outras lembranças. Seu aspecto terreno absorvia com extrema rapidez essa totalidade, sentia que seu invólucro humano poderia dissolver-se devido ao volume de informações sobre si mesmo que sobrevinham simultaneamente. Pensou que seu corpo físico não suportaria tanta intensidade. Sentia-se envolto em uma substância dura, como se o corpo ferido pelo acidente fosse uma espécie de casca de ovo. Percebeu que sua alma era maior, muito maior, do que aquele transitório aspecto de vida terrena.

A conversa entre as duas consciências foi ficando distante, muito distante. O rapaz sentiu-se cercado simultaneamente por informações externas e internas. Inúmeras lembranças emergiam, inundando sua agora vasta memória. Pareciam ondas do mar, avolumavam-se gradativamente, sem aviso. André, por um breve instante, pôde ver muitas de suas existências. Percebia-se como uma consciência imersa numa roupagem totalmente diferente da que usamos no planeta Terra. Seus olhos tinham um brilho intenso, de cor azul cintilante, e sua pele era dourada.

André viu várias de suas existências, em diversos planetas, em diferentes universos. Vibrou na direção de uma existência que lhe pareceu especial. Uma das primeiras de sua vida consciente.

Ele podia perceber o vento que batia em seu rosto, sentia a ausência de chão. Sabia que estava a trabalho e que sobrevoava uma espécie de campo onde havia muitos animais. Sim, André voava. Todos tinham superado a crença de que não podiam levitar devido ao processo gravitacional do planeta. Seu trabalho, na época, consistia em analisar e prevenir doenças que poderiam surgir entre os animais. Eram doenças que não existem hoje para nós, novas doenças de um futuro próximo. André fazia isso por meio da observação do desenvolvimento de emoções distônicas. Observar, perceber e analisar as emoções. Todos eram capazes de fazer isso. Alguns animais do planeta passavam por um tipo de desenvolvimento emocional similar ao dos seres humanos do século XXI. Exatamente. Bois com emoções. Bois que evoluíram e desenvolveram um processo emocional. Seus cérebros evoluídos faziam com que se afeiçoassem a seus pares e às pessoas, e eles começavam a agir de modo semelhante ao dos cães de estimação. André acompanhava os bois que pastavam em comunidades agrícolas. Observava o desenvolvimento da percepção inteligente desses animais. Percebia o avanço da consciência una de cada um deles. Estavam num momento importante: começavam a sair da consciência da vida de sonho para a possibilidade de uma existência mais centrada e lúcida. Não se sabia ainda para onde se encaminharia esse tipo de evolução. A função de André naquela atualidade era apenas acompanhar profundamente o desenvolvimento sensível daquelas consciências bovinas.

André sentia o corpo mais etéreo, menos denso. Várias combinações químicas produzidas pelo cérebro e uma mudança drástica dos hábitos alimentares criaram gerações cujos corpos podiam levitar. Na verdade, era de conhecimento daqueles seres a infinita gama de possibilidades de realidades paralelas. Eles podiam, além de voar e levitar, também vagar por diversas realidades de tempos distintos. As noções de tempo e espaço evoluíam para atender às incontáveis possibilidades que as consciências daquele universo estavam capacitadas a experimentar. A vida, como a concebemos agora, passara a ser uma escolha consciente. Os habitantes do planeta podiam trafegar, totalmente lúcidos, em diversas lâminas de realidade.

Um princípio ético muito superior aos padrões hoje conhecidos por nós se desenvolvera, e ninguém tinha a menor intenção de interferir nas dinâmicas de espaço e de tempo para alterar as lâminas de realidade, embora a grande maioria já estivesse habilitada a fazer turismo entre lâminas de tempo e de realidade, coexistentes ou não.

Nas lâminas em que coexistiam, seus aspectos-consciência de outra realidade se acoplavam ao molde físico vigente. Nas que não existiam, moldavam um corpo físico compatível com o local e o tempo que visitavam. É difícil, para nós, compreender tudo isso, mas trata-se de noções extremamente simples e palpáveis para muitas consciências que já ampliaram o suficiente os conceitos de ética e a capacidade mental que dão pleno suporte a esse tipo de jornada. Hoje em dia, a física quântica tenta explicar um pouco desses novos assuntos.

André viveu e morreu por muitas vezes e em vários corpos, sempre optando pela convivência com os animais. Nos períodos em que não estava em nenhum corpo físico, estudava, no "outro lado", o desenvolvimento da alma deles.

Tinha paixão também pelos seres alados (muito semelhantes aos nossos pássaros). Entendia profundamente a busca de conhecimento das consciências encarnadas nas formas físicas aladas. Sabia que desenvolviam seus potenciais de liberdade e companheirismo durante os vôos. Sabia também que teriam de passar por inúmeras vidas para aprimorar-se nesse tipo de autonomia, dando passos além da experiência presente. Observava as disputas por espaço ou território que havia entre os animais. Aprendeu muita coisa em relação a essas disputas. Era sensível a tudo, mas nunca se permitia julgamentos. André podia entrar na alma de um pássaro e sentir-se como um deles. Na verdade, era plenamente capacitado a fazer isso com todos os animais — e também com os seres humanos, que se situavam em distâncias e tempos inimagináveis!

André volitava num espaço onde podia entrar em contato com vários dos tempos de suas inúmeras existências. À medida que aprimorava a percepção do que vivenciava, entrava em contato mais profundo com as experiências de vida que já tivera. Por causa desse aprofundamento, muitos aspectos apareciam para ele numa dimensão totalmente diferente do tempo em que havia vivido. Lembrava-se de si mesmo e observava como sua totalidade sempre estivera implicada em cada uma de suas vivências. Numa dessas percepções, viu-se ocupando um corpo em um suposto futuro. Nesse momento, como se desse um mergulho em si mesmo, conectou-se ao aspecto-consciência que estava naquele corpo físico. Sentiu que o momento fora muito significativo porque teve consciência de que morreria. E lá estava ele vivenciando um assassinato, ou melhor, o próprio assassinato, em uma de suas vidas. Naquele momento, aventurou-se a encarar seu algoz. Percebeu olhos furiosos, olhos de matador, mas ao mesmo tempo brilhantes e limpos. Esse olhar durou o instante de uma eternidade para quem já estava marcado para morrer. O matador também o encarou. E, por minutos, simultaneamente à percepção lúcida de André, o algoz teve a consciência plena de que estava matando uma pessoa. O pânico dessa percepção durou apenas o instante do olhar — até o momento em que o machado caiu sobre sua vítima.

Quanto mais André entrava em contato com essas experiências, mais recordava o aspecto selvagem dos homens, muitas vezes mais ferozes que os próprios animais classificados como selvagens. Sabia que tudo fazia parte de seu aprendizado.

Mais uma vez sentia-se leve e mudava o foco de sua atenção à espera de outro evento em que experimentaria mais uma jornada de sua consciência. Isso acontecia em poucos instantes, como no sono. Quando estamos dormindo, temos a sensação de que muito tempo se passou, mais do que as horas que realmente transcorreram. Ao acordar, porém, parece que apenas alguns minutos se passaram. Essa é a incógnita temporal de nossa vida na Terra.

Muito tempo transcorreu — ou foram apenas instantes? A mente de André foi envolvida por todas as lembranças humanas que lhe eram familiares: recordações de imagens, de perfumes e de sabores, entre outras. Vieram-lhe à mente as inúmeras possibilidades criativas de ser. De repente, tudo se compactou em um microscópico ponto de matéria. Nenhuma experiência foi esquecida, e sim apenas compactada, para ser aberta em momento mais oportuno, talvez rompendo espaços inteligentes de manifestação em outras vidas, em outros "presentes". Ficara tudo muito bem guardado em sua bagagem.

A cantora estava com seu futuro marido. Ambos eram jovens, mas já haviam passado por muitas experiências, muitos homens, muitas mulheres. A cantora acabara de ter uma relação sexual com ele. Era um local especial, um dia especial. Era uma noite de lua cheia, junto de uma pedra, no topo de uma colina. A cantora sabia que engravidaria. Sabia também que aquilo não poderia acontecer. Estava sendo monitorada por seres-consciência diferentes, de outros locais. Fazia parte integrante de uma pesquisa. Estava cônscia, porém, de que havia tempos se desencantara desse projeto de pesquisa. Sentia que, na Terra, a idéia original foi pouco a pouco perdendo referências dentro dela até que, em determinado momento, pareceu-lhe totalmente sem sentido. Ela então optou pela independência, desgarrando-se completamente dos objetivos iniciais.

Eles nada podiam fazer contra sua decisão de engravidar. Ela organizara tudo de modo perfeito e, naquele exato momento, estava envolvida pela proteção da energia do local escolhido e da lua. Nada mais podiam fazer, pois um dia resolvera ser dona do próprio destino, inteiramente consciente de si mesma. Estava a salvo, portanto. A cantora pensou em seu filho. Pensou nele como um todo e concentrou-se no olhar. Como seria o olhar de seu filho? Ficou encantada porque poderia escolher. Bastava conectar-se com as consciências metafísicas que estavam na mesma sintonia. Ela não podia explicar como sabia, apenas tinha consciência disso. Sabia que tudo aquilo era verdade e possível. A cantora, repleta de energia no êxtase de sua relação amorosa, captou a consciência de André e entrou em sintonia com ela, atraindo-a para junto de si. Ficou em êxtase e já não sabia o porquê: seria pela relação que mantinha ou pelo que sentiu ao entrar em contato com a consciência que chamamos de André, que se acoplou à energia dela? Naquele instante, percebeu que nada mais fazia sentido e, ao mesmo tempo, tudo tinha muito sentido, um sentido especial jamais experimentado. Sentiu o êxtase da comunhão com toda a criação e com todos os universos. Estava plena.

Assim, uma ligação energética foi feita no momento em que um óvulo era fecundado no ventre da cantora. Uma porção da matéria dela entrou em sintonia com aquela consciência. Uma harmonia indescritível começava a ressoar.

Em breve, André nasceria.

18

E tudo ele viu, tudo ele recordou em um instante. Na verdade, já sabia de tudo, estava na memória de sua alma, guardado em algum lugar, pois tudo é atemporal. Não existe passado nem futuro.

André voltou a atenção para Júlia e para Blue. Elas trocavam várias informações sobre o destino de ambos. Notou que o "vulto" de Júlia ficava cada vez mais escuro, mais denso.

— Júlia!

Sua cor se normalizava aos poucos.

— Tudo bem.

— O quê?

Júlia tentou mudar da freqüência de Blue para a de André, mas isso não era fácil, embora sentisse muito mais prazer em conectar-se ao rapaz e receber suas informações.

— Tudo bem, Júlia — continuou André. — Deixe-os.

— Mas a gente...

— Eles pensam que podem fazer alguma coisa, mas não podem. Você verá, e eles também. O caminho sempre é o da evolução, da expansão. De algum modo, que ainda não está muito claro para mim, escolhi esse caminho.

— Você... Você não vai voltar?

— Não vou nem tentar. Não por enquanto.

— Mas... sua mãe, sua família, nós...

— Acho que, por enquanto, poderei ajudá-la melhor daqui. Em breve a gente vai se encontrar, ou melhor, a gente já se encontrou. Veja só!

André desejou que os dois se encontrassem, e algo parecido como uma imagem, com a força da realidade, surgiu no pensamento de Júlia. Ela viu perfeitamente o encontro de ambos em outra ocasião. Viu que os dois se tornavam um só, com todas as sensações que envolvem as consciências quando se unem.

— Isso é possível?

— Isso já aconteceu. É só desejar e atualizar.

— Mas eles querem impedi-lo de voltar.

— Acho que não. Eles só pensam assim, mas eu já voltei. Olhe só.

André concentrou-se outra vez, e nova imagem veio à mente de Júlia. Desta vez, André acordava e recebia os sorrisos da mãe, do pai e dela própria. Se pudesse chorar naquele momento, Júlia choraria. Mas era apenas uma consciência sem corpo.

— Não se importe tanto com eles, Júlia, você faz parte do processo deles. Precisam impedi-la para perceber que isso não era necessário afinal, entende? A gente pode escolher. Eu escolhi estar aqui. Escolhi essa possibilidade, sinto que essa experiência integra um processo muito maior, que nenhum de nós está apto a compreender agora. E nossas possibilidades podem ser fantásticas. Lembra-se?

Blue estava confusa. Eles vibravam em um padrão que, por mais que tentasse, não conseguia assimilar. Julgava que a outra devia estar num padrão inferior enquanto permanecesse na condição humana e perguntava a si mesma por que (já que era superior) não conseguia baixar sua freqüência para sintonizar as informações que Júlia recebia e entendê-las.

— Quer dizer que você vai deixá-los fazer o que quiserem? — indagou Júlia.

— Eles não estão fazendo o que querem, apenas pensam que estão.

— Mas...

— Vamos deixá-los por enquanto, ainda existe um caminho a percorrer...

Júlia queria perguntar se André não voltaria com ela, e o rapaz captou aquele pensamento.

— Eu disse a você, já voltei. Acho que nós somos como dois rios. Vamos escolher este, mas nem por isso o outro deixa de correr, não é verdade? Vamos por este rio, que tem mais curvas e nos oferece mais oportunidades de aprendizado no momento. E todos os rios deságuam no mar, não é mesmo?

Aquilo foi o suficiente para Júlia. Ela aceitou. Sentiu um amor imenso por aquela consciência, tão desprendida e sábia. Entendeu que sempre estariam próximos, em sintonia. Nunca se separaria de André, pelo menos não de um aspecto de sua consciência.

Júlia desviou sua atenção de André e procurou vibrar na sintonia de Blue. Observou que ela não entendia e, se pudesse sentir medo, percebeu que Blue teria experimentado exatamente essa emoção naquele momento.

A jovem resolveu voltar. Afastou-se gradativamente de André e de Blue. Caminhava para despertar no próprio corpo, mas lembrou-se de emitir um último recado para Blue:

"Não pense que será fácil..."

Antes que Blue pudesse mandar uma informação como resposta, Júlia acordava na capela.

19

Júlia despertou na capela do hospital. Calma, como havia muito não acordava. Respirou fundo e percebeu que a anciã se fora. Estava sozinha. De que se lembrava? De quase nada, apenas do estado crítico de André. Estranhamente, não se sentia aflita. Embora de volta ao corpo físico, ainda mantinha uma serenidade que seria quase impossível se não houvesse nela aquele aspecto etéreo que acabara de deixar. Apesar de tudo o que passara, Júlia estava calma. A tristeza a abandonara. A dor fora retirada. Levantou-se tranqüilamente e foi ao encontro da família de André. No meio do jardim, fora da capela, encontrou a cantora. Ela observava a lua com uma expressão de angústia.

Júlia aproximou-se e pousou a mão em seu ombro.

— Ele está bem — disse.

— Eu sei – respondeu a outra. — Mesmo assim, tenho uma vontade muito grande de tocá-lo e abraçá-lo.

Era verdade.

— Mas é bom saber que ele estará sempre com você, em você.

As duas então se abraçaram.

Júlia dirigiu-se ao estacionamento. Em breve todos poderiam ver André. Ela, porém, não tinha interesse em vê-lo deitado numa cama, imóvel e ferido. Sabia, em seu íntimo, que André estava consciente e vivo. Decidiu acreditar nisso. No meio do estacionamento, viu um vulto vestido de branco. Sentiu imediatamente uma forte tontura. Estava quase caindo quando braços fortes a seguraram. Era o vulto branco. Um homem que vestia um avental de médico.

— Tudo bem?

Júlia encarou-o no fundo dos olhos e viu que se casaria com ele ou, pelo menos, deveria casar-se com ele. Esse homem seria o pai de seu filho.

— Tudo. Só estou um pouco tonta.

Não sentiu alegria nem tristeza. Sentiu que aquele era o homem que lhe fora destinado, e com ele compartilharia muitos anos de sua vida.

— Como você se chama?

Ele estranhou aquela pergunta direta, mas respondeu prontamente:

— Ronaldo.

Alguns anos depois, Júlia casou-se com Ronaldo, o jovem médico. Decidira esquecer André. Decidira esquecer que ele estava em coma, dormindo havia anos (embora no íntimo soubesse que ele não dormia).

Júlia cursou a faculdade, formou-se e conseguiu um bom emprego em um banco. Aos poucos, foi subindo na carreira. Desenvolvia seu trabalho graças à força de vontade e à inteligência, mas principalmente porque tudo o que desejava se concretizava. Júlia tinha uma capacidade incrível de transformar seus pensamentos em realidade, tinha consciência de que podia fazer acontecer o que quer que desejasse plenamente. Foi indicada para sair de sua agência, onde realizara muitas promoções, para um cargo no setor de eventos do banco. Alguns diziam que era sorte. Júlia sabia que sorte não tinha nada a ver com seu trabalho. Ela apenas queria e perseguia seu objetivo até o final. Observava as opiniões de todos e as usava em benefício de seus objetivos. Era discreta e, quando todos a elogiavam, nunca demonstrava entusiasmo. As pessoas às vezes a julgavam um pouco fria e calculista, mas, ao mesmo tempo em que determinava metas e cumpria prazos, Júlia estava sempre pronta a abraçar e a dizer as palavras certas àqueles que precisavam de apoio. A maioria dos colegas sabia que seu trabalho era excelente.

Júlia participava de uma equipe dinâmica, liderada por um chefe déspota. Chamava-se Guimarães e era muito inteligente e perspicaz, mas dificilmente ouvia as idéias de seus liderados. Quando as ouvia, tinha o péssimo hábito de desqualificar as pessoas ao mesmo tempo em que se apoderava das idéias delas e as apresentava aos superiores como suas. Quando percebeu o que ele fazia, Júlia passou a execrá-lo.

Certa vez, quando seu chefe estava terrivelmente ocupado com uma grande campanha, Júlia ficou responsável pela realização de um evento. Era um encontro de gerentes para discutir os caminhos e as metas dos próximos dez anos do banco. Seu líder passou-lhe essa tarefa por não acreditar muito no encontro. Esse tipo de evento era em geral tratado pelos altos executivos do banco como uma reunião que servia mais para "dar folga" à maioria dos gerentes do que para de fato traçar metas. Os gerentes, aliás, também pensavam assim.

A nova campanha satisfazia melhor os interesses ambiciosos do chefe de Júlia porque lhe daria muito mais visibilidade dentro do banco. Como isso era feito por uma agência de publicidade, o trabalho dele consistia em aprovar ou desaprovar as criações e acompanhar as gravações, rodadas quase sempre em locais paradisíacos.

O evento pelo qual Júlia seria responsável costumava realizar-se em hotéis luxuosos durante um fim de semana. Era repleto de pompa, com shows e jantares caríssimos, o que pouco contribuía para o desenvolvimento de novas idéias. No final todos saíam descansados, mas com uma sensação de vazio: "O que a gente veio fazer aqui mesmo?" Era como uma comédia barata que fazia rir, mas não alimentava a alma.

Logo no início do planejamento do evento, Guimarães viajou para a cidade litorânea onde ficava a sede da agência de publicidade para supervisionar o andamento da nova campanha e Júlia ficou sozinha com a equipe, que agora deveria liderar.

Era uma segunda-feira. Júlia chegara mais cedo a uma das salas de reunião da sede do banco. Do alto do prédio, contemplava, lá embaixo, as avenidas, as pessoas, os carros, caminhões e ônibus que se movimentavam. Logo os colegas de trabalho, agora seus liderados mesmo que por pouco tempo, chegariam e o planejamento do evento teria início. O sentimento era de alegria geral. Contratariam também uma produtora de eventos que se encarregaria de todos os detalhes, como local, passagens, atividades e shows. A equipe, como o chefe ensinara, aprovaria ou desaprovaria o que a produtora (muito bem paga, por sinal) apresentasse. Trabalho árduo, mas necessário. Essa era a realidade do evento, e ninguém podia nem queria mudá-la.

Esse era exatamente o aspecto que angustiava Júlia. Depois de falar com seu marido, com seu pai, sempre muito ocupado, e após uma noite insone, ela contemplava a paisagem urbana que acordava.

Aquela fora mais uma noite "estranha". Nos poucos momentos em que adormecera, Júlia vira nitidamente a imagem de André, que, após pouco mais de dez anos, ainda jazia em coma no hospital. Nunca se lembrava bem desses encontros. Em algumas ocasiões, porém, conversava com André do mesmo modo que fizeram na primeira vez, logo depois que ele sofrera o acidente. Nessas conversas, aconselhava-se com ele. Acordava esquecida, mas trazia consigo uma sensação de conforto. Ainda que inconscientemente, utilizava as opiniões de André em seu dia-a-dia.

Naquela noite, Júlia lhe contou que cuidaria de um evento grandioso, embora não muito significativo. Esse evento levava o nome pomposo de "caminhos e metas", mas na verdade não se tratava de nada disso. André foi direto e simples, como sempre: "Torne-o importante".

"Torne-o importante." Parecia tão simples! O evento tinha por objetivo a discussão de caminhos e metas. Não seria maravilhoso ouvir o que aqueles gerentes, com tantos anos de experiência, tinham para dizer? Não seria maravilhoso para eles saber que suas idéias seriam ouvidas, pois tinham importância? Afinal, não eram, além de funcionários de alto padrão, pessoas realmente integradas no banco?

"Então por que isso não acontece? Por que não é feito?"

Júlia tomava um café forte e resolveu surpreender a equipe. No final de tudo, ela mesma ficaria surpresa.

A primeira a chegar foi sua colega e também amiga Ruth. Ela entrou e logo se aboletou na cadeira, colocando os pés sobre a mesa de reuniões.

— Bom dia, amiga. Que sorte coordenar o evento sem a presença do Guimarães! Um evento inteirinho só para nós! Podemos chamar aquela mesma produtora do ano passado, que já sabe direitinho o que fazer. Mas por que está com essa cara?

Júlia não tinha reparado que exibia um sorriso enigmático. Desviou os olhos da amiga e voltou a contemplar a paisagem.

— Porque eu quero mais.

— Como assim? Mais o quê?

— Ruth, diga-me uma coisa.

— Claro.

— Você acha que estou no lugar do Guimarães?

— Sim, e é um lugar muito bem merecido.

— Se Guimarães estivesse aqui, você se largaria na cadeira e colocaria os pés sobre a mesa como fez agora?

— É claro que não!

— Por quê?

— Porque ele me mandaria embora na mesma hora.

— Então você está despedida.

— O quê?

Júlia virou-se para ela com um enorme sorriso:

— É brincadeira, amiga.

— Assim você me mata de susto. Por um momento pensei que o homem estivesse aqui, de volta.

— Talvez estivesse. Por um momento também, na verdade por vários momentos, eu me coloquei no lugar dele. Imaginei a enorme responsabilidade que tem, a enorme pressão que o levou a dirigir o departamento com mãos de ferro. A responsabilidade é estranha, leva a gente a fazer coisas que não deseja. Às vezes a gente nem se reconhece, sabia?

— Sei, imagino...

"Júlia está estranha", pensou Ruth. Já vira a amiga devanear muitas vezes e "voltar" com idéias fantásticas. No fundo, adivinhava que Júlia estava pronta a dar muita dor de cabeça à equipe e principalmente a ela própria.

A nova líder continuou:

— Muitas vezes as pessoas ficam inseguras e, talvez como defesa, acabam por tornar-se déspotas. Algumas, como no caso de nosso estimado chefe, sugam as idéias da equipe em benefício próprio. Mas parece que essa atitude faz com que Guimarães fique cego. Agora mesmo a agência de publicidade desenvolve uma idéia que você teve e que ele, com toda a certeza, alega ser dele.

— E eu não sei?

— Mas agora nós estamos no comando.

— É verdade.

— E podemos mostrar nosso valor.

— Sei...

— Aposto que está pensando que vou trazer muita dor de cabeça para você.

— Exatamente.

— E bota dor de cabeça nisso, Ruth! Se o evento é feito para ouvir os gerentes, vamos fazê-los falar e ouvir o que têm a dizer.

— Júlia, você ficou louca? O povo quer festa, tranqüilidade, algumas paqueras e nada mais. Eles querem voltar para as agências e só.

— Quem disse isso?

— Todo mundo. Desde os próprios gerentes até a diretoria. Estamos gastando uma fortuna para que o pessoal relaxe do trabalho estressante do ano.

— Podemos fazer mais do que isso.

— Podemos?

— Sim!

— Podemos nada! Guimarães deixou instruções claras: um hotel legal, comida divina e uma festa fenomenal. A verba liberada é só para isso, lembra-se? Não seria bom fugir do esquema de sempre.

— Eu sei.

— Então só podemos fazer isso.

O sorriso de Júlia voltou e Ruth sentiu um arrepio. A voz dela soou clara e decidida:

— Sabe por que eu gosto de conversar com você, Ruth?

— Por quê?

— Porque você sempre me indica meus limites.

— Alguém tem que fazer isso.

— E eu adoro transpor os limites que você me impõe.

— Esse é meu grande medo.

— Ruth, e se a gente contratasse uma consultoria?

— Para quê?

— Para que, juntos, criássemos um evento em que pudéssemos ouvir os gerentes. Desse modo, as idéias deles poderiam ser postas em prática na medida do possível.

— Mas que beleza! Estou até vendo o quadro! Você quer simplesmente interferir nas diretrizes do banco para os próximos dez anos! Quer chegar com uma lista de reclamações, porque no fundo é só isso que os gerentes têm, e mostrar aos donos do banco o que eles devem fazer. Maravilha! Avise-me quando conseguir um novo emprego porque este, minha filha, já era. Você pensa que tudo o que tem em mente será recebido com boa vontade?

— Ruth...

— Não me venha com essa. Nós temos uma realidade aqui, e ela está bem clara. É com base nela que temos de realizar o que nos foi pedido, ou seja, não devemos pensar nem fazer absolutamente nada, devemos apenas executar.

— Ninguém gosta quando suas idéias não são ouvidas.

— Certo, certo. Eu concordo, mas nossa verba não vai dar para contratar uma consultoria. Tudo está muito restrito.

— Restrita está nossa mente. Será que não existe uma empresa que queira fazer uma parceria conosco? Imagine a conquista de um cliente como nós! Se a consultoria considerar a importância desta instituição, na certa fará um preço diferenciado.

— Mas as pessoas precisam comer. Não podemos pagar uma miséria para elas.

— Se a idéia der certo, essas pessoas serão muito bem recompensadas, no futuro, com um cliente sólido e rentável como nós.

— Você disse "se", Júlia, "se". Uma coisa é a realidade, outra coisa é o "se".

— Há muito tempo eu aprendi que somos nós que fazemos a realidade! A cada instante temos a oportunidade de decidir, Ruth!

— Essas são somente palavras bonitas. A verdade é que estamos neste evento estritamente para tapar um buraco. Você bem sabe que estamos aqui apenas para isso. Somos praticamente a "operação tapa-buraco".

— Fique quieta!

Ruth estranhou as palavras da amiga, mas elas eram sinceras. Júlia geralmente não era rude, exceto quando lhe diziam que não poderia fazer o que desejava.

— Olhe o que está dizendo. Você não percebe que está programando uma coisa para que não aconteça?

— Mas é brincadeira!

— Pode ser, mas em nossa mente fica registrado que seremos sempre o que dizemos ser. Escolhemos nossas crenças mesmo sem ter consciência disso. Às vezes optamos pela brincadeira, é claro, pois afinal nos confessarmos "fracassados" ou buscar outra justificativa é muito mais fácil. Você não percebe como é difícil romper com essa realidade depois?

Ruth calou-se.

— Se você não estiver do meu lado, apoiando minhas decisões mais "absurdas", tudo vai ficar muito mais difícil.

Ruth sabia que a amiga estava certa. Sabia também que teria de fazer o que Júlia pedia. Queria ficar ao lado dela, pois era uma vencedora e Ruth se sentia parte disso.

— Está bem, amiga. Deixe-me pensar.

Houve um momento de silêncio. Ao longe, bem ao longe, ouvia-se o som das buzinas e do trânsito.

Ruth respirou profundamente e continuou:

— Daqui a vinte minutos, nossa equipe vai entrar aqui com um ponto de vista idêntico ao meu. Nós teremos de convencê-la. Se não conseguirmos persuadir nossa equipe, não convenceremos mais ninguém.

— Você está certa.

— Sei que estou.

Júlia bateu de leve no ombro da amiga:

— Sorria, Ruth.

Elas conseguiram. A equipe era composta de cinco pessoas, além de Júlia e de Ruth — três mulheres e dois homens. Ao ouvir a idéia exposta pela jovem, todos ficaram, no primeiro momento, receosos e apreensivos. Mas as pessoas em geral se entusiasmam ao ver alguém acreditar em uma idéia. Talvez fiquem preocupadas e cheias de medo, mas apreciam uma idéia bem exposta, na qual o próprio autor acredita de fato.

O que Júlia admirava em Ruth (que por essa razão se tornara seu braço direito) era a capacidade de discordar de uma idéia a princípio, mas, caso a aceitasse, de lutar em sua defesa como se fosse sua. Naquele momento, diante do restante da equipe, Ruth defendia os objetivos de Júlia como se a idéia tivesse nascido dela.

E a equipe concordou com ambas. Transformariam um evento que deveria ser simples e sem nenhuma visibilidade em algo que muito provavelmente marcaria a vida da empresa bancária. O evento agora se tornara um compromisso para aquela pequena equipe. Não se tratava de um sonho irrealizável, e sim de um objetivo justo que na certa se concretizaria. Talvez não ocorresse exatamente da maneira idealizada, mas sem dúvida teria sua importância.

Combinaram que não contratariam a promotora de eventos costumeira. Assim sendo, precisariam eles mesmos providenciar as reservas de hotel, as passagens e os demais detalhes. O dinheiro ficaria reservado à consultoria que os auxiliasse na organização do encontro com o objetivo de transformar a conduta dos participantes. Metade da equipe trataria dos detalhes convencionais sob a supervisão de Ruth. Júlia e os demais se encarregariam de encontrar a empresa de consultoria mais adequada.

Tudo deveria ser feito de modo extremamente discreto. Se Guimarães soubesse como seu evento estava sendo modificado, "soltaria os cachorros" sobre a equipe cedo demais. Quando isso fatalmente ocorresse, em sua volta, Júlia lidaria com ele, assumindo a responsabilidade. Todos corriam riscos, mas ela estava no comando. Sabia disso e arcaria com as conseqüências.

Júlia e seus assistentes fizeram uma lista de consultores, e a pesquisa começou.

Júlia e um colega visitaram várias consultorias. Algumas eram pura fachada. Nos anúncios se diziam modernas e competitivas, mas isso não passava de propaganda enganosa. Na realidade, eram tradicionais e pouco inovadoras. Outras se mostravam ansiosas ao saber que poderiam ter uma rendosa parceria com aquele grande banco. Ofereciam mundos e fundos (algumas até uma espécie de suborno ou participação nos lucros) na tentativa de fechar contrato. Todas foram devidamente descartadas.

Júlia voltava, com seu assessor, de uma dessas visitas e estava visivelmente desmotivada. Do carro, presa do trânsito insuportável, observava uma grande avenida. O prazo para o fechamento do contrato já quase se esgotara, e caso não encontrasse a consultoria certa teria de abandonar seus planos e procurar a antiga promotora de eventos.

"Não. Isso jamais!", pensou ela.

Aquela avenida era terrível. Por causa do barulho e da poluição constantes, havia diversas casas para alugar. Um rio fétido, que na verdade era um enorme esgoto, corria no centro da via expressa. Esse rio, agora coberto de concreto, se transformara numa avenida de dois níveis. Júlia estava na pista inferior, que dava acesso às ruas secundárias. Dessa pista era possível ver, por pequenas aberturas, o rio lá embaixo, horrível e malcheiroso. Para piorar, uma imensa obra pública, um viaduto que seguia a mesma direção da avenida, contribuía para a deterioração da paisagem. Júlia não entendia como a população acreditava na palavra de políticos que prometiam uma obra absurda como aquela, que apenas servia para poluir visualmente uma cidade já tão castigada.

O trânsito estava terrível e o calor era insuportável. Além disso, a paisagem não se mostrava nada animadora. Num impulso, Júlia saiu da grande avenida e entrou por uma rua transversal com o objetivo de escapar tanto do trânsito quanto de seus pensamentos.

Ela surpreendeu-se diante do agradável cenário com que deparou quando o carro entrou em uma rua repleta de árvores e casas antigas. O contraste com a turbulência da avenida causou-lhe grande impacto. Nessa rua, muito pequena e bucólica, só havia casas. Eram pequenos sobrados, todos com quintais muito arborizados. Alguns moradores, a maioria deles já de meia-idade, regavam seus jardins, podavam suas plantas ou mesmo recolhiam folhas secas das calçadas.

"Em que planeta vim parar?", pensou ela. Era como se aquela pequena rua se localizasse em outro universo. Um universo protegido.

Jaime, o assessor de Júlia, estava muito mais preocupado com a decepção da última visita do que com a paisagem. Estranhou aquele desvio de trajeto, pois tinham muito trabalho pela frente no escritório e ele já não estava tão eufórico com os planos de Júlia. Por isso, protestou imediatamente.

A moça não ouviu o que ele disse, pois abrira a janela do carro.

— Não, Júlia. Assim você estraga o ar-condicionado.

Foi como se a voz dele soasse no vácuo. Júlia respirou fundo e resolveu parar junto da calçada. Saiu do carro e logo esticou as pernas. Os raios de sol passavam entre os ramos de uma das árvores, e uma brisa perfumada soprava suavemente.

Jaime desceu pelo outro lado e perguntou a Júlia o motivo daquela parada.

— Vá indo. Eu vou depois — respondeu ela.

— Como assim?

— Eu disse, vá indo.

— E você?

— Irei depois. Acabei de dizer isso a você.

— Vamos ter uma reunião de avaliação, Júlia.

— Jaime...

— O que foi?

— Você estava comigo agora, na última visita, não é?

— Sim.

— Você deve ter visto que eu estava com minha agenda.

— Vi.

— Então eu sei da reunião. Por favor, escute, eu vou depois.

Jaime não discutiu mais. Sentindo-se desprezado, balançou negativamente a cabeça, pegou e carro e partiu.

"É incrível como as pessoas não entendem o significado de um pedido tão simples", pensou Júlia com seus botões.

Um senhor que regava o gramado na frente de sua casa cumprimentou-a com um aceno que Júlia retribuiu com prazer, como se já o conhecesse.

"É impressionante. Poucos minutos atrás, eu estava no meio de uma tarde quente, sufocante, feia e repleta de trânsito. Agora, ao simples contato com este ambiente, minha tarde tornou-se agradável, reconfortante."

Júlia caminhou pela calçada, metade de concreto e metade de grama (muito bem cuidada pelo morador), respirou fundo novamente e observou os arredores.

Notou que a rua estava protegida. Vieram-lhe à mente algumas sensações de sua adolescência das quais não se lembrava havia muito tempo. Júlia percebeu uma luz brilhante em volta de todo o ambiente. Podia ver também, além daquele invólucro de proteção, a mancha cinzenta da avenida movimentada. Outra mancha, mais escura, corria na mesma direção do rio fétido.

"Deus! Aonde isso vai parar...", pensou por um momento.

Enquanto caminhava pela calçada, Júlia notou uma casa em particular. Era um sobrado branco, acolhedor. Havia uma placa de bronze em um canto, quase escondida, que dizia: "Azul Consultoria".

"Consultoria?", pensou ela. "Não é possível!"

Júlia tocou a campainha.

Uma moça veio atender.

— Pois não?

Júlia procurou as palavras:

— Eu... eu queria falar com o consultor. Ele está?

A moça pareceu avaliar o pedido de Júlia e em seguida, sem tirar os olhos dela, disse:

— Sim. Só um minuto.

A jovem voltou para dentro da casa, pegou uma chave e foi abrir o portão com um sorriso. Júlia foi conduzida para o interior da casa e lá encontrou, onde antes deveria haver uma sala, um pequeno escritório de cores claras e suaves. Plantas e cristais estavam por todos os cantos. Pequenos arranjos simples pareciam pipocar aqui e ali. Júlia se sentiu reconfortada. Quadros, alguns de temas simples, como o mar e as montanhas, coexistiam em paz com telas incrivelmente surreais.

— Só um minuto enquanto chamo o senhor Gilberto.

A moça subiu uma escadaria cujo corrimão era de madeira.

Júlia aguardou sentada em uma pequena sala de espera junto ao escritório. Uma mesa lateral continha duas garrafas térmicas, uma com café e a outra com água quente. Ao lado, uma caixinha com vários tipos de chá. A tarde estava agradável e a mesa era convidativa. Júlia encheu uma xícara de água quente e serviu-se de chá de hortelã. Enquanto sorvia a bebida, viu uma janela ampla que abria para um pequeno jardim.

"O que estou fazendo aqui? Nunca ouvi falar desta consultoria e tenho dezenas de outras para pesquisar. Esta parece muito simples para o tamanho do evento."

Ouviu novamente as palavras que pensara momentos antes: "É incrível como as pessoas não entendem o significado de um pedido simples..."

Sentia-se aberta a novas situações de realidade mesmo que estas a princípio não fossem inteiramente claras para ela. Possuía a convicção íntima de ter um forte senso de direcionamento de seus desejos e sabia que estes eram capazes de criar todas as possibilidades no mundo material.

Júlia respirou fundo e sorveu um pouco mais de chá.

Gilberto desceu as escadas também com um sorriso. Júlia levantou-se e ambos trocaram um aperto de mãos.

— Olá, Gilberto, eu sou Júlia.

— Muito prazer. Como posso ajudá-la?

Gilberto tinha cabelos brancos e um sorriso muito cativante. Usava óculos de armação transparente e tinha olhos brilhantes que demonstravam grande serenidade.

— Eu tenho de realizar um evento. Na verdade, não conhecia seu escritório. Estava dirigindo quando entrei nesta rua e vi a placa...

— Por favor, não se apresse. Termine seu chá. Em seguida podemos subir até minha sala e conversar com calma. O que achou de nosso escritório?

Gilberto serviu-se também de chá e sentou-se em uma poltrona diante de Júlia, que voltou a se acomodar com ar mais tranqüilo.

Começaram a conversar como se fossem velhos conhecidos. Ele disse que sua esposa tinha decorado o escritório. "Feng shui", acrescentou. "Harmoniza a casa, equilibra as energias, essas coisas." Para Júlia, ele fingia considerar aquilo uma pequena bobagem, mas pelo modo como olhava os objetos parecia apreciar muito esse método oriental de decoração.

A falta de ansiedade de Gilberto em saber o que a trouxera ali foi pouco a pouco deixando Júlia mais relaxada. Ao término da bebida, ele a convidou para subir até sua sala. Mais pedras, mais cristais e mais plantas. No escritório de Gilberto também havia alguns quadros de motivos diversos, uma pequena estante com alguns livros, uma mesa de vidro com um computador e, por fim, uma janela que abria para uma pequena e convidativa sacada.

Duas poltronas na frente da mesa esperavam pelos clientes. Gilberto convidou-a para sentar-se e em seguida fez o mesmo.

— Então, Júlia, como posso ajudá-la?

A jovem falou de suas necessidades. Disse que precisava organizar um evento inovador e de conteúdo. Disse também que necessitava transformar esse evento em algo importante e inesquecível para quem participasse dele. Comentou a forma como o evento era desvalorizado apesar de exigir o investimento de grandes somas de dinheiro. Gilberto ouvia em silêncio, balançando a cabeça algumas vezes. Júlia falou muito. Disse também o que não confessara às outras consultorias: seu desejo pessoal de aproveitar a oportunidade para se destacar e destacar sua equipe. Queria transformar aquela realidade.

No final, Gilberto respirou fundo.

— Veja bem, Júlia. Eu posso fazer isso com você. Na verdade, posso apresentar as mesmas propostas que outros apresentaram, algumas com maior e outras com menor competência. Mas o importante em toda essa história é o fato de que você me encontrou. Não estou dizendo que sou o melhor, estou dizendo que você passava por uma das avenidas mais horríveis da cidade, caiu justamente aqui e agora solicita meus serviços. Não posso fazer nada contra isso, pois é um encontro de ambas as partes, você sabe. São muitas possibilidades e você optou por uma.

Júlia percebeu que Gilberto não demonstrava o menor desejo de convencê-la. Era apenas uma constatação, ele parecia entender muito bem como aquele suposto encontro "casual" ocorrera. Mostrava-se tranqüilo com relação a isso, evidenciando que de algum modo era bom conhecedor do que diz respeito a nossas escolhas. Após uma pausa, ele continuou:

— Agora me fale um pouco mais sobre seu evento.

Júlia falou com fervor de suas idéias. Agora seria uma criação dos dois. Gilberto anotava e fazia sugestões com base em outros eventos de que participara. Júlia se empolgava. Gilberto sorria, elogiava as idéias dela e também dava as próprias sugestões. A moça sentia-se reconfortada. Quando Gilberto falava, parecia captar as imagens de sua mente, transformando-as em possibilidades palpáveis e concretas.

Após uma hora e meia de conversa, já no final da tarde, os dois encerraram o encontro, exaustos, mas satisfeitos. A espinha dorsal do evento estava estruturada. Júlia de repente percebeu que ainda não fechara negócio com Gilberto. Ambos, porém, falavam como se já estivessem trabalhando juntos.

— Bem, Gilberto, agora é aguardar seu orçamento.

— Está certo. Preciso quantificar isso e amanhã mando a proposta.

— Há outra coisa. Eu preciso vender a idéia. Mas você terá de vender a si mesmo como consultor também, entende? Marcaremos uma reunião para apresentar o projeto do evento à diretoria. Trata-se em geral de uma reunião só para aprovar o que se faz todos os anos. Mas este ano será diferente. Devemos surpreender a todos, inclusive ao meu chefe, que na certa terá uma espécie de síncope! Infelizmente não poderei vender a idéia de sua consultoria. Você é que terá de convencê-los.

Gilberto pensou por um momento e disse em seguida:

— Júlia, esse projeto já é nosso. Teremos apenas de defendê-lo. Pode contar comigo. Vou tomar conta dele e apresentá-lo para sua diretoria.

Ambos trocaram um aperto de mãos. Gilberto convidou Júlia para conhecer o resto da casa. Nesse meio-tempo, a esposa dele chegou. Ele a apresentou não como cliente, e sim como uma amiga distante que acabara de reencontrar. A esposa convidou Júlia para um café em sua casa, anexa ao escritório. Durante o café, perguntou se ela não gostaria de ficar para jantar. Júlia assustou-se com a intimidade, mas o casal parecia ter o costume de levar os clientes para cafés, bolinhos e jantares. Ela lembrou-se então da reunião. Os colegas deviam estar à sua espera. Júlia declinou do jantar. Gilberto chamou um táxi e ela sentou-se, exausta, no banco traseiro. Embora cansada, estava feliz com a troca de energia que fizera com aquelas pessoas que acabara de conhecer.

Em outro local, em outro tempo e em outra dimensão, outros seres regozijavam-se pelo sucesso do encaminhamento do projeto. Regozijo não seria o termo adequado a eles, e sim o que mais se aproximava de sua realidade. Acreditavam que fora preciso tomar aquelas medidas enérgicas, porém necessárias, e acabaram por resolver dois problemas. Um era o claro desvio de Júlia dos interesses do projeto. O outro consistia praticamente na anulação de uma consciência que era fruto de um projeto anterior e não deveria estar naquele orbe.

Todo o dia-a-dia de Júlia era devidamente registrado para uma profunda análise posterior, inclusive sua experiência atual. Por mais paradoxal que parecesse, ela deveria ter uma vida predefinida, cuja estrutura fosse previamente planejada, mas os derivativos, principalmente os emocionais, advindos dessa vida tinham de ser vivenciados e registrados. Em outras palavras, Júlia deveria experimentar e explorar o universo das emoções humanas, mas não poderia permitir que essas emoções a tirassem do caminho já traçado de sua jornada terrena.

A idéia era que Júlia, além de desempenhar a função de transdutora (passando informações como uma consciência encarnada híbrida), também transitasse pelas emoções. O objetivo dessa pesquisa era a verificação do padrão bioenergético que estaria em atividade naqueles corpos físicos e da forma como isso ocorria.

Outro aspecto importante da pesquisa dizia respeito à questão da existência ou não de autonomia no "ser" dentro do universo das emoções.

Além disso tudo, havia outra pesquisa sobre o uso consciente das emoções: a capacidade de lidar com as emoções de modo consciente poderia gerar algum tipo de progresso ou evolução no planeta?

Havia ainda uma pesquisa subjacente. Tratava-se, na verdade, de uma suspeita não muito clara: a irradiação emocional inconsciente poderia liberar um tipo de energia que alimentasse outras modalidades de consciência?

Aqueles seres pensavam, portanto, que todo o monitoramento da vida de Júlia seria imensamente benéfico para a seriedade que a pesquisa exigia. Naquele momento de sua história, Júlia experimentava as emoções do desafio de transformar a realidade. Para aqueles seres de origem igual à dela, a criação da realidade através do pensamento era vista como uma qualidade banal e corriqueira. Afinal, a energia podia ser transformada, como nós transformamos a energia dos rios em força elétrica ou a energia do petróleo em força motora. Eles sabiam que o pensamento era um tipo de energia que, por sua vez, também gerava energia e que esta podia ser transmutada em realidade. Júlia, porém, estava em plena experiência em um corpo físico que ainda não dominava essa informação como uma possibilidade concreta, e isso causava nela grande ansiedade (também objeto de pesquisa).

Qualquer ser inteligente também pode fazer o mesmo desde que se liberte de uma vez por todas de crenças limitantes. Era exatamente o que Júlia tentava: transformar seus pensamentos em algo concreto. Em primeiro lugar, não se sujeitou à realidade que lhe era imposta. Desejou uma pessoa que satisfizesse suas necessidades e acabou por encontrar Gilberto. Parecia a magia do acaso, mas não era. Júlia apenas canalizou toda a sua intenção por meio da força de seu pensamento, e este foi gerando um padrão de energia que entrou em sintonia com a energia do local onde o consultor residia. Era uma pena que a maioria dos seres humanos inundasse seus desejos de ondas negativas de pensamentos. Se soubessem que os desejos criam pensamentos que geram energia suficiente para moldar e transformar literalmente a realidade, eles usariam com muito bom senso essa irradiação plena de poder.

A grande maioria vive lamentando a própria vida. Os seres humanos nem suspeitam que eles próprios, por acreditar piamente em seu drama existencial, acabam esquecendo que podem encontrar saídas criativas e mudar totalmente seu destino criando situações mais saudáveis, plenas de harmonia, de equilíbrio e prazer. Em vez disso, superestimam seus dramas na mesma proporção em que acreditam que os aspectos transitórios e aparentes da vida são a totalidade do que existe como possibilidades ao alcance da inteligência criativa.

A maioria dos seres humanos lida, portanto, com seus pensamentos e suas emoções de maneira a prejudicar os próprios projetos pessoais. As mentes ficam repletas de "se", de "não vai dar certo", de "não sou capaz" e inundadas de crenças limitantes, como "só consigo fazer isso". Esses pensamentos atuam como uma espécie de "efeito-cascata", ou seja, um pensamento negativo amplia negativamente o pensamento seguinte. Na grande maioria das vezes, esses padrões de pensamento e de criação de realidades são gerados porque o ser humano ainda não tem consciência nem sabe lidar com a potência da força criativa que possui. O pensamento, é claro, gera poder e autonomia sobre o destino, mas nem todos estão preparados para dirigir a própria vida — por incrível que pareça. Tudo indica que é mais fácil permitir que alguns comandem o destino de muitos.

Parece que inúmeros seres humanos não têm consciência de que podem conquistar a autonomia de sua vida, validando-a de modo totalmente singular e único, ou ainda preferem a preguiça e optam por anestesiar a existência dando suas energias vitais criativas como alimento de outros, enquanto também se nutrem energeticamente de seus semelhantes.

Mas esse era só um aspecto da força contrária que as emoções descontroladas exerciam sobre o ser humano. Existiam outros aspectos mais obscuros naquele planeta, como a questão do destino da energia vital das pessoas monitoradas por outras inteligências.

Julia, porém, já conseguia criar as realidades que desejava, até porque era auxiliada para não perder essa capacidade de sua raça enquanto estivesse naquele corpo humano. Afinal, eram aspectos interessantes a rápida realização de seus desejos e pensamentos e a observação do impacto que isso poderia acarretar sobre as emoções com a geração de alegria e motivação e ainda o aumento da crença na realização dos projetos. Os seres humanos eram uma raça de enorme potencial. Apenas a maioria deles ainda não sabia disso.

Por essa razão, Júlia dirigiu seus pensamentos à realização do evento. Desejou encontrar um consultor que fizesse a diferença, e seu pensamento entrou em sintonia com aquela pequena rua onde residia Gilberto. Todo o encontro foi muito rápido.

Aquela rua era uma pequena ilha protegida pelos moradores, que buscavam harmonia entre si. Inconscientemente transformaram seus pensamentos para criar uma ilha de proteção energética para suas casas e para suas vidas. Mais do que isso, entraram em sintonia para alimentar a harmonia entre todos. Não permitiam que pensamentos negativos, contrários ou receosos invadissem sua pequena ilha. Sim, pensamentos receosos, cheios de medo. O medo é um poderoso gerador de energia negativa e tem a capacidade de prejudicar e até de anular de imediato qualquer intenção criativa. O medo sempre veio do instinto de preservação que acompanhou o planeta. Se seus habitantes soubessem que esse tipo de vida era apenas um entre milhares de outros que possuíam simultaneamente, talvez passassem uma existência mais afastada do medo e da ferocidade resultantes do instinto de preservação. Em razão desse medo, os seres humanos, paradoxalmente, se mostravam menos letárgicos para criar novas realidades em sua existência terrena.

Não que o medo não entrasse naquela ilha. Apenas era insuficiente para desestruturar seu campo de proteção. E Júlia foi atraída para lá no momento em que desistiu de vibrar no campo da avenida. Entrou em contato também com o consultor. Ele não tentou forçar o contrato com Júlia. Na verdade, o trabalho já era dele, ambos sabiam disso. Os dois tinham experiências diferentes, formações distintas e se ajudariam mutuamente para construir aquela realidade, como co-autores. Eles entraram na mesma sintonia por ter objetivos semelhantes e por vibrar em freqüências similares. Poderia ser qualquer outra pessoa que estivesse na mesma sintonia. Mas a especificidade daquele encontro não ocorreu por acaso. Quando desejamos conscientemente uma coisa, uma série de combinações se estabelece para que nosso desejo se torne realidade.

A consciência exata do que se deseja é orientação melhor do que as Páginas Amarelas. Tudo é muito simples.

20

Gilberto, o consultor, apresentou o projeto de Júlia.

No dia e na hora marcados, os diretores e Guimarães, o chefe de Júlia, aguardavam um breve relatório das tarefas rotineiras do encontro anual de gerentes. Guimarães voltara dias antes. A empresa de eventos que normalmente trabalhava com o banco não fora contratada e telefonara para saber o motivo do "atraso" da contratação. Guimarães, por sua vez, perguntara a Júlia o que estava acontecendo. Ela disse que era apenas uma questão burocrática e logo mais tudo seria esclarecido. Acrescentou que a produtora de eventos seria contratada em poucos dias.

— Acho bom. Já estamos atrasados.

Na noite anterior à apresentação, Júlia e seus assessores se encontraram com Gilberto no banco, mais precisamente na sala de reuniões da equipe. Haviam passado semanas discutindo o novo evento em todos os detalhes. Gilberto ensaiou a apresentação. O plano era o seguinte: Júlia explicaria o motivo da renovação e em seguida apresentaria o consultor Gilberto, que faria um rápido histórico de suas atividades e na seqüência exporia o novo projeto com grandes recursos visuais, como slides, vídeos e gráficos.

Após os últimos acertos, Gilberto e Júlia ficaram sozinhos na mesma sala em que tudo se iniciara. Tomaram um café e conversaram. Estavam exaustos, mas bastante motivados.

— Sabia que alguns meses atrás eu estive aqui nesta sala pensando no projeto? Hoje ele é quase uma realidade — disse Júlia.

— Mas eu estou vendo algumas rugas de preocupação em sua testa.

— Você sabe. Eu fui sincera com você desde o começo. Estou enfrentando meu chefe mesmo sem que ele saiba disso. Se não der certo, adeus, emprego, adeus, projeto. Se der certo e os diretores comprarem a idéia, provavelmente meu chefe receberá todo o crédito. Mesmo assim, ele tem o direito de me mandar embora. E provavelmente fará isso segundos após o encerramento da reunião. E há você, Gilberto. Se não comprarem a idéia, não terei como pagá-lo por todo esse imenso e dedicado planejamento que está fazendo.

— A criação nunca é desperdiçada, Júlia. Fica tudo no banco de idéias. Podemos usá-la em outro momento, em outro projeto. Eu poderia dizer que vamos conseguir, mas na verdade vamos medir forças. Acredito na força do pensamento, mas também acredito na força do pensamento dos outros, que, neste caso, é diretamente oposto ao nosso. Mas vamos ver quem está mais forte e concentrado em suas intenções. Seu chefe e o desejo dele de estagnação de um suposto status ou nós, que desejamos fazer rolar as pedras e adoramos os movimentos criativos.

— Vamos ver.

No dia da reunião da diretoria, Júlia e sua equipe ajustavam os últimos detalhes. Os projetores, o computador e os vídeos estavam prontos. Aos poucos aqueles homens poderosos foram chegando, todos politicamente corretos, sorrindo, como se não se vissem havia muito tempo. De fato, cada um com seus afazeres, encontravam-se muito pouco. Chegaram com seus assessores para marcar presença. Cada um tinha cinco ou seis assessores. Os diretores sentaram-se a uma mesa enorme e seus assessores ficaram em cadeiras um pouco afastadas. Guimarães chegou cumprimentando um a um. A equipe de Júlia também ficou no fundo da sala, aguardando sua vez. Logo que os presentes se acomodaram, ela pediu a atenção de todos.

Júlia expôs seus sentimentos e suas idéias de maneira clara e sincera. Era objetiva e ensaiara muito bem o que diria e como falaria. Mesmo com todo aquele ensaio, sua apresentação foi tão natural que parecia um improviso. As palavras fluíam de modo simples e cativante. O impacto da qualidade de sua presença e de sua expressão gradativamente atraiu a atenção de todos para o que poderiam ser as verdadeiras necessidades do projeto.

Se Júlia se concentrasse em Guimarães, sem dúvida perderia a presença de espírito, pois a expressão dele era de total espanto. Boquiaberto, Guimarães a princípio ficou sem palavras e foi, em seguida, invadido por uma forte onda de raiva. Fora enganado. Sentia-se traído. Sua vontade era agarrar o pescoço de Júlia e estrangulá-la. Ela sentiu essa onda de energia negativa, mas não permitiu que penetrasse em seu campo de proteção. Encarava diretamente todos os presentes, e muitos exibiam expressões faciais que evidenciavam suas reações. Enquanto falava, observava os olhos das pessoas que já haviam passado por muitas coisas, por muitos desafios. Naquele momento, houve a união desses olhares e de suas infinitas histórias de vida, todos concentrados em Júlia. Ela não sentiu nem aprovação nem desaprovação, apenas uma onda de curiosidade vinda de seus ouvintes, que queriam conhecer os limites da ousadia daquela jovem.

Chegou o momento de apresentar Gilberto. Este entrou na sala, muito bem-vestido, de paletó e gravata, com seus óculos claros e seus cabelos grisalhos. Entrou com a tranqüilidade de quem está em território familiar.

Apresentou a temática do projeto, uma série de atividades desenvolvidas com os gerentes num hotel-fazenda durante três dias de convivência. Nessas dinâmicas haveria vários jogos com características quase infantis. Um deles era uma brincadeira de guerra com direito a exército, pontos de conquista e estratégias a definir. Uma guerra diferente. Uma guerra cujas únicas armas seriam as idéias inovadoras. Os dois exércitos tinham de convencer um ao outro de que valeria a pena conquistar seu objetivo. As batalhas seriam travadas em campo aberto e em campo restrito. Um exército se encontraria com o outro para discutir as idéias.

Os jogos "infantis" tinham todos uma base científica que ressaltava seu benefício, principalmente em um contexto de resgate. Havia muito que aqueles vetustos adultos não "brincavam".

Assim, outros jogos foram propostos. Algumas vezes, fotografias de filmes antigos com atores famosos vestidos como combatentes das Forças Armadas provocavam risos espontâneos na platéia.

Júlia podia sentir uma onda escura vinda de Guimarães, que tentava penetrar no campo de Gilberto. Mas, à medida que ele ganhava mais confiança e aprovação da platéia, outra onda parecia emanar dos diretores, contribuindo para o aumento da força de seu campo de proteção, além de ajudá-lo a se expressar com total clareza.

Guimarães, sem conseguir controlar-se por mais tempo, atacou verbalmente Júlia e sua equipe, chamando a proposta de ridícula e acusando seus autores de tentar transformar os gerentes em palhaços de circo. A idéia era que um grupo de artistas circenses contratados ensinasse alguns truques aos gerentes e que estes, depois, demonstrassem suas habilidades em um show. No final, os artistas se apresentariam com seus números profissionais.

— Isso é ridículo!

As palavras de Guimarães pareceram romper uma sinfonia que estava em pleno andamento.

— O que foi, Guimarães? — perguntou um dos diretores.

Ele se viu em posição incômoda. Não podia criticar abertamente a idéia, que afinal vinha de sua subordinada. Ele queria dizer que jamais nenhum gerente de agência se vestiria de palhaço nem se exporia desse modo diante dos colegas. Mas criticar o projeto significaria que não tinha ciência alguma do planejamento, além de passar a idéia de chefe omisso. Por outro lado, já estava comprometido com a produtora de eventos habitual. Guimarães recebia, "por fora", uma porcentagem sobre o contrato. Mas Júlia estava com os dias contados, ora se estava!

Todos olhavam para ele. Guimarães acabou por esboçar um falso sorriso, mas permanecia atônito diante daquela situação. Mesmo assim, prosseguiu:

— Senhor Gilberto, estudei o projeto várias vezes...

"Mentira", pensou Júlia. "Ele foi pego de calças curtas."

— Essa parte, especificamente, ficou um pouco obscura para mim. É certo que nossos gerentes de modo algum se vestirão de palhaço. Isso seria considerado uma ofensa pessoal a eles.

Alguns diretores concordaram com acenos de cabeça. Guimarães sentiu-se mais forte. Na verdade, estava pronto para saborear o fracasso de Júlia e de seu consultor barato e para vê-los derrapar nas argumentações seguintes. Na seqüência, ele, Guimarães, se desculparia pela falha de seus subordinados e mandaria todos para o buraco. Diria que havia deixado sua assistente planejar um novo evento, mas que ela demonstrara total incapacidade de coerência no planejamento. Pediria desculpas e contrataria a antiga promotora, que sempre realizara o encontro com muita competência. Em seguida, poria sua rebelde assistente e quem mais estivesse com ela no olho da rua.

— Afinal — continuou —, nosso sucesso depende de homens sérios e competentes.

Júlia estremeceu. Gilberto permaneceu impassível, com seu sorriso sincero.

— Imagine! Longe de mim a intenção de duvidar da seriedade e da competência de seus gerentes.

Gilberto pensou por um momento. Sua pausa não demonstrava insegurança. Parecia, na verdade, refletir sobre a melhor maneira de convencer aquele homem intolerante a absorver uma idéia tão simples.

— Somos seres sociáveis. Existe uma sociedade maior e várias menores. O ideal é que elas se organizem de forma sadia para dar espaço à expressão de todos os seus membros. Nem sempre é assim, mas esses tropeços fazem parte da evolução. Pois bem. Em uma padaria, por exemplo, as pessoas exercem suas funções, e cada uma tem sua personalidade. Um dono sábio tem a capacidade de harmonizar essas personalidades para obter o melhor desempenho do estabelecimento. Sei o que o senhor vai dizer. Isso é óbvio. Agora pensem comigo. O que é o circo? Um local onde o ser humano tem a oportunidade de superar os próprios limites de forma leve e criativa. Nada mais que isso. Nós pagamos entradas para ver o resultado. Por isso a analogia com o trabalho. Devemos passar aos clientes a impressão de que estamos sempre superando nossos limites por causa deles...

Júlia podia ver uma verdadeira batalha entre as duas energias, a de Gilberto e a de Guimarães. Ambas mediam forças.

— Agora, quanto à questão do palhaço que o senhor citou...

Chegara o momento do contra-ataque.

— O que é um palhaço senão um ser que quer nos fazer rir criativamente, além dos limites humanos? O senhor sinceramente pensa que ninguém deseja esse posto? Acha que nenhum de seus gerentes quer a função de alegrar as pessoas por meio do estímulo ilimitado de sua imaginação?

O campo de Guimarães sofreu um verdadeiro ataque da energia de Gilberto.

— Eu mesmo fiquei sabendo de uma história — continuou ele — em que nosso diretor aqui presente, Sampaio, se vestiu de Elvis Presley em um dos encontros.

Todos riram com franqueza, principalmente Sampaio. Sua performance fora o ponto alto do encontro, e ele tinha muito orgulho disso.

— Não é verdade, senhor Sampaio?

— Com certeza. Eu sempre quis fazer aquilo. Desde criança eu imitava o Elvis. Então, naquele ano, eu me perguntei: por que não? Arranjei aquela roupa, aquela peruca. O pessoal instalou uma iluminação especial, gelo seco, e lá fui eu. Lembram-se?

As risadas se intensificaram. Todos tinham uma lembrança agradável daquele encontro.

— Pois é isso — disse Gilberto. — Naquele momento, o senhor foi o palhaço.

"Não é possível. Ele está chamando nosso diretor financeiro de palhaço e ninguém diz nada?", pensou Guimarães.

— A propósito — disse Sampaio —, acho que Caetano, da agência 115, adoraria fazer esse papel.

— Sim. Ele leva jeito mesmo.

— Já pensaram na Matilde como trapezista? Isso é possível? — indagou outro gerente. Todos, ao imaginar a cena, riram muito.

— Não sou eu que vou dizer, e sim os artistas circenses. Não sei se ela poderá subir no trapézio, mas com certeza algum truque aprenderá se assim quiser. Garanto que farão o que estiver ao alcance deles.

Os diretores fizeram vários comentários e deram diversas sugestões. Era evidente que se divertiam imensamente enquanto opinavam, imaginando os colegas em determinadas fantasias. Riam, sobretudo, de si mesmos.

Guimarães retraiu-se pouco a pouco. Por mais que quisesse esconder isso, seu semblante mostrava que ficara visivelmente abalado. Gilberto olhou para Júlia com o mesmo sorriso de sempre, piscando discretamente para ela. Sabiam que agora o projeto não era mais dela, pertencia a todo o banco. Haviam comprado a idéia. Júlia apertou discretamente a mão de Ruth, que estava a seu lado. Esta não se continha de tanta alegria e exibia um sorriso imenso.

Gilberto continuou a exposição do projeto mostrando como seria o terceiro dia de atividades, que encerraria o evento com chave de ouro.

— Bem — disse Sampaio —, acho que agora os detalhes podem ser tratados com o pessoal daqui — e apontou os assessores. — Afinal, estamos pagando muito bem a eles para que façam alguma coisa, não é verdade?

Os presentes riram. Sampaio continuou:

— Desejo, porém, deixar registrado que, em minha opinião, a idéia é excelente. Acho que há muito tempo estamos precisando de uma renovação em nosso encontro anual. Investimos nele uma quantia razoável de dinheiro, e acho que, a partir de hoje, os gerentes voltarão para suas agências mais dispostos e com mais benefícios. Parabéns pela iniciativa, Guimarães.

Todos cumprimentaram Guimarães pela suposta iniciativa. Ele mudou da água para o vinho. Como Júlia previra, seu chefe recebia agora os louros da vitória. Ela sabia que não passaria daquele dia. Mas estava feliz, pois dificilmente Guimarães conseguiria tirar Gilberto do projeto.

— Mas eu também gostaria de cumprimentar sua assistente, Júlia. — O diretor financeiro tinha um sorriso faceiro no rosto. — Você achou a pessoa certa para planejar e tocar essa nova iniciativa. — O sorriso de Guimarães apagou-se um pouco e ele ficou nervoso. Sampaio prosseguiu:

— Creio que ela é fundamental para a execução do projeto. O que vocês acham? — perguntou em voz alta, dirigindo-se aos presentes.

Todos concordaram na hora. Sampaio compreendera a situação, disso Júlia tinha certeza. Talvez não soubesse exatamente tudo o que se passava — um chefe ausente do projeto que ficaria com o mérito da vitória —, mas Sampaio conhecia bem Guimarães e sabia que ele não tinha nada de inovador, que não aprovaria aquele projeto nem deixaria que Júlia o expusesse aos diretores. O chefe da equipe não estava a par do projeto. O diretor financeiro percebera isso e usou a vaidade de Guimarães contra ele mesmo. Júlia percebeu que Sampaio tentava ajudá-la.

E continuou a ocupar seu cargo no banco.

Os diretores saíram. Quando finalmente Guimarães ficou sozinho com seus subordinados, Sampaio o convidou para um café. Guimarães não recusou, é claro. Restaram na sala somente Julia, sua equipe e Gilberto. Quando o último assessor saiu, Ruth não pôde conter um grito de alegria. Todos se cumprimentaram. Sampaio repentinamente abriu a porta. Todos ficaram paralisados.

— Só mais uma coisa: um dos cargos de palhaço já está preenchido, e é meu. Boa tarde!

Saiu. As exclamações continuaram. Júlia encarou Gilberto com gratidão, abraçando-o ternamente.

— Obrigada.

— Agradeça-me só no final de tudo...

Júlia voltou-se para a equipe:

— Hoje a pizza é por minha conta!

— Pizza nada — interveio Gilberto —, o jantar será lá em casa e todos estão convidados. Esta equipe está precisando de comida decente!

Uma poderosa aura brilhava em torno de todos.

Jantares de última hora pareciam comuns naquela casa. O casal contava com a ajuda de uma empregada que, além de cuidar da casa, cozinhava divinamente. A esposa de Gilberto estava à espera. A casa tinha uma grande cozinha, e todos se encaminharam para lá. Júlia levou o marido, e Ruth, o atual namorado. Os dois sentiram-se um pouco deslocados, mas Gilberto fez o possível para deixá-los à vontade. O casal de filhos de Gilberto participou do jantar. Ambos eram adolescentes. Em determinado momento, um dos membros da equipe foi desafiado para uma partida de videogame. Os demais convidados reuniram-se em volta para torcer.

Júlia afastou-se do grupo e dirigiu-se ao jardim, localizado nos fundos da casa. Sentou-se em um pequeno banco de madeira e respirou profundamente o ar da noite. Estava receosa do desafio que teria pela frente, mas repleta de energia pelo fato de ter driblado seu chefe e conseguido vender a idéia do projeto.

Lembrou-se de um jardim em que estivera anos atrás. Um jardim com uma pequena capela no pátio de um hospital. Parecia-lhe que tudo acontecera havia anos-luz de distância, mas as sensações daquela época por vezes se avolumavam em seus sentidos interiores fazendo parecer que tudo estava ali, fazendo-a sentir que, de algum modo, o tempo não era bem aquilo que lhe fora ensinado, pois tinha a certeza inabalável de que todas aquelas vivências estavam muito presentes dentro dela.

Os últimos dias tinham sido exaustivos, e Júlia sentiu o corpo dormente. Lembrou-se de André. Veio-lhe a impressão de que estava para iniciar uma longa viagem. Seus músculos já não doíam, na verdade perdera a consciência deles. Os sons em redor também ficaram distantes. Júlia afastava-se dali. Sentia apenas o calor reconfortante da própria essência.

André apareceu para ela e ambos tiveram uma longa conversa. Júlia não se lembraria dessa conversa, mas voltaria ao corpo físico com uma sensação muito agradável. Eles iniciaram uma troca de informações.

— André?

— Parabéns, Júlia. Está transformando seus pensamentos em realidade com bastante eficácia no universo terreno. Além disso, tem conseguido alcançar seus intentos mesmo envolvida no ambiente emocional humano. Seu pessoal deve estar contente, quer dizer, se eles souberem o que significa "contente".

A consciência de André estava, de fato, muito longe de seu corpo atual. Tinha a sensação de que o espaço próximo ao universo consciente da Terra era por demais estreito para ele. Sentia muita dificuldade de ocupar seu corpo novamente. Na maior parte do tempo, sua consciência permanecia fora do corpo, viajando. Em alguns momentos, quando voltava por causa da dor, era rapidamente impelido para fora. Começava a perceber que, graças a um simples pensamento, conseguia sentir-se em um corpo totalmente diferente. Divertia-se com essas possibilidades de existir.

— É maravilhoso, André. Quando conseguimos nos realizar neste mundo, parece que nos sentimos inteiros. As emoções transbordam confirmando que está tudo certo!

— Sim. Acho que não existe nada pior do que lamentar-se por coisas que não foram feitas. Esse tipo de vivência negativa com certeza não oferece o êxtase que você está sentindo agora pelo simples fato de ter feito acontecer o que desejava.

Júlia tinha vontade de contar a ele toda a sua vida.

— Não é preciso, Júlia. Eu já sei de tudo. Pensa que eu a abandonei? Estou sempre com você, mesmo que seus "amigos" não queiram. Por falar neles...

Júlia sentiu a presença de Blue. No mundo físico, muitas vezes também percebia a presença dela, mas já não dava importância. Naquele plano, contudo, os contornos de Blue pareciam maiores, e era impossível ignorar sua presença. Júlia passou essa informação a André.

— Ela veio para impedir nossa comunicação. É sempre assim...

— Mas ela sabe que não pode impedi-la, não é verdade?

— Sim...

De fato, Blue fora alertada de que aquele encontro poderia tornar-se desastroso, pois, em qualquer plano que ocorresse, talvez afetasse o projeto de maneira negativa. Já havia percebido, no entanto, que raramente podia fazer alguma coisa a esse respeito, a menos que um deles lhe permitisse entrar no campo vibratório dos dois.

— Bem, eu só queria trocar energia com você e lhe dar forças para enfrentar o que está por vir. Embora creia que não precise disso, posso enviar-lhe energia se você quiser.

Júlia assentiu, e uma onda envolveu aquelas duas consciências. Blue afastou-se ainda mais. Não fazia idéia de como poderia alcançar aquele campo tão distinto. Seus códigos pessoais pouco ou quase nada percebiam daquele tipo de padrão vibratório que ambos, André e Júlia, emanavam. Mas em breve, muito em breve, ela experimentaria todas aquelas sensações dentro do corpo de Júlia.

As ondas de freqüência das duas consciências brilhavam em vários pontos. Luzes percorriam e ultrapassavam o centro delas, como se fossem elétrons em órbita do núcleo de átomos. Era uma sensação maravilhosa de comunhão com o êxtase universal da criação. Aos poucos, com as energias renovadas e completamente recicladas, Júlia desligou-se de André e iniciou o caminho de volta ao corpo físico. Se pudesse ver o rosto do rapaz, saberia que ele ainda a olhava, sorridente. A última mensagem do encontro com André soava na consciência de Júlia:

— Estou sempre com você, sempre.

Júlia sentiu-se em comunhão com o universo. André sentia o mesmo.

Foi, aos poucos, retornando ao corpo, como se caísse lentamente. Sentiu o banco de madeira, o vento soprando em seu rosto e uma leve pressão no ombro.

Era Gilberto.

— Boa noite. A senhora quer dormir na cama?

Júlia espreguiçou-se, meio envergonhada.

— Acho que cochilei. Desculpe.

— Não precisa pedir desculpas. Você bem merece um descanso.

— Você também.

— De fato. É melhor aproveitarmos bem este fim de semana. Temos muito trabalho pela frente. Acho que seu marido quer ir embora.

— Obrigada pelo jantar.

Júlia despediu-se de todos. Fora uma sexta-feira agradável. No carro, o marido notou que ela apoiava a cabeça no vidro e olhava as estrelas.

— Tudo bem? — perguntou Ronaldo.

— Tudo. Eu só estou um pouco cansada.

— Sim, trabalho duro. O pessoal me contou o que fez. Você sempre me surpreende, Júlia.

— Obrigada.

— Pode dormir, se quiser.

Júlia bocejou e fingiu dormir. Na verdade, ainda estava com o olhar nas estrelas.

Com o olhar e a alma...

21

Tudo foi um grande turbilhão durante o qual Júlia às vezes se retirava com seu marido para a praia, onde refletia sobre os conturbados detalhes do evento. Não era fácil atender às exigências dos diretores sem desvirtuar o projeto. Todos queriam, de repente, participar. Todos queriam dar seu recado aos funcionários, e cada um queria dar esse recado de maneira diferente. Afora as exaustivas exigências, era divertido, para Júlia e sua equipe, observar aqueles diretores, alguns bonachões, outros céticos, outros frios e calculistas, em seu esforço para inventar novas formas de comunicação com os subordinados. Alguns queriam longos relatórios, outros preferiam filmes e outros ainda sugeriam conjuntos musicais para interpretar canções com letras adaptadas ao evento. Pareciam crianças brincando com as altas somas de dinheiro necessárias para concretizar cada sugestão.

E o evento teve início no dia e na hora marcados. Um brilho de surpresa surgiu nos olhos de todos aqueles gerentes desde o momento em que desembarcaram dos ônibus executivos e encontraram um hotel-fazenda diferente de todos os que conheciam. A recepção, que sempre ficara a cargo de moças e rapazes bonitos e esbeltos, fora substituída por atores fantasiados de soldados que tentavam convencer os gerentes a participar de uma série de causas nobres.

Eles usufruíram tudo a que tinham direito. Alistaram-se, receberam suas fardas, conheceram seus generais, passaram pelo treinamento e disputaram a mais incrível batalha que poderiam imaginar. Viram-se envolvidos em um jogo fascinante que emocionou a todos. Percorreram, durante as diversas atividades propostas, todos os pontos do hotel. Conquistaram piscinas, áreas de lazer, campos de golfe, quartos e banheiros. Os exércitos dispunham de soldados, batedores, estrategistas, espiões, tudo o que as crianças almejam ter quando brincam.

Mas o mais importante foi o fato de que todos se identificaram com o jogo e tiveram a liberdade de apresentar aos superiores várias sugestões e críticas ao trabalho cotidiano que faziam. E foram ouvidos. Aqueles "soldados" se sentiram extremamente motivados apenas porque foram ouvidos. Júlia sabia da satisfação que as pessoas sentem quando recebem atenção.

Os "generais" (diretores) acompanharam tudo de perto, envolveram-se como crianças que estão adorando a brincadeira, e esse conjunto de atitudes gerou discussões proveitosas sobre ética e valores.

No segundo dia, "derrotados" e "vencedores" reuniram-se numa grande confraternização repleta de comentários sobre a incrível aventura que estavam vivendo. Conversaram, num clima amigável, sobre os pontos fortes e fracos de cada "exército", sobre suas façanhas e desilusões e também sobre os atos de maior coragem ou covardia.

Durante o terceiro dia, os diretores deram seus recados falando com os gerentes de forma simpática e sincera e elogiaram a iniciativa e sua disposição de participar daquela brincadeira tão séria.

Gilberto também deu uma palestra. Apresentou-se com a costumeira simpatia e fez várias "pontes" inteligentes entre os episódios do jogo e a vida real. Falou da disposição e das estratégias necessárias para ganhar a vida lá fora não apenas individualmente como também em grupo, como seres humanos, uma raça de semelhantes que escolheu viver em sociedade.

Ele propôs, então, a próxima atividade. Entraram os artistas circenses fazendo um grande desfile de suas habilidades. Gilberto propôs que todos se tornassem artistas. Explicou como seria a dinâmica. Disse que a arte não era privilégio exclusivo de seus criadores. Na verdade, todos podiam desfrutar a beleza da criação ou do desafio de levar qualquer atividade além dos limites para descobrir novos horizontes.

Os participantes dividiram-se em malabaristas, trapezistas, mágicos e, é claro, palhaços. Durante a tarde toda, aqueles homens sisudos que movimentavam cifras extraordinárias receberam treinamento dos artistas de circo. À noite, o grupo completo assistiu a um show feito pelos próprios alunos. Não foram, evidentemente, números profissionais, mas mostraram-se quase tão belos quanto os dos artistas verdadeiros. Era maravilhoso ver uma das executivas, considerada uma mulher séria e de pouca conversa, subir no trapézio e executar movimentos simples. Outro gerente fez truques de mágica (que algumas vezes não davam certo). Cada apresentação era mais hilariante e emocionante do que as anteriores. O show de palhaços, que contou com a presença marcante de Sampaio, arrancou muitas gargalhadas da platéia. No final, os professores deram seu show e mostraram por que viviam daquela profissão, muitos já na terceira geração de famílias circenses, nascidos com "serragem no sangue", como se costuma dizer. Para encerrar o show, o dono do circo fez uma comovedora exposição do significado de uma vida inteira dedicada à arte circense. Suas palavras estavam repletas de paixão, pois ele próprio, um antigo domador de leões, era filho e neto de domadores.

Após o show, houve um jantar dançante repleto de comentários sobre as atividades. Depois do jantar, vários participantes foram para a pista e dançaram alegremente para celebrar aqueles três dias de atividade. Três dias que jamais esqueceriam.

Em um canto do salão, silenciosa, estava Júlia.

No começo das atividades, ela não comia, não dormia, não relaxava, estava por demais ansiosa. Queria saber de todos os detalhes e resolver todos os problemas. Tornara-se até meio insuportável, gerando um clima tenso por onde passava. Graças a Ruth, conseguiu perceber seu erro e mudar de atitude.

— Se você não relaxar, toda a equipe ficará tensa. Acalme-se. Você nos preparou bem. Vamos fazer uma coisa de cada vez.

— Você acha?

— É claro!

Foi como um passe de mágica: Júlia relaxou. Problemas surgiam a todo momento, a todo instante, mas ela não se abalava. Passou a usar apenas seu aspecto racional. Logo percebeu o prazer que sentia ao resolver os problemas e começou a enxergar a própria atividade. Reparou no prazer que aqueles homens e mulheres, acostumados a uma rotina árida, sentiam em participar de um encontro tão inusitado e bem planejado.

No dia do show, Júlia pôde ver as várias luzes que emanavam dos corpos dos participantes. Era uma energia que se acumulava no alto da tenda e retornava às pessoas, renovando suas energias e tornando o ambiente extremamente agradável.

Na noite do jantar, Júlia estava exausta, mas muito relaxada. Divertia-se junto de seus colegas, de Gilberto e de sua esposa, que fora convidada para participar. Ronaldo também fora convidado, mas na última hora uma emergência o impediu de comparecer. Júlia tinha tomado um ou dois coquetéis e estava mais solta do que de costume. Todos os diretores passaram por sua mesa para cumprimentar a equipe. Ela fazia de tudo para parecer apenas uma coadjuvante, mas todos sabiam que era a grande realizadora do projeto.

Houve um momento em que todos estavam dançando e somente Ruth e Júlia ficaram na mesa. O gerente de uma sucursal do interior se aproximou e convidou Ruth para dançar. Ela olhou para a amiga, à espera de um sinal de aprovação, e a jovem a encorajou. O novo casal foi para a pista e Júlia se viu sozinha. Por um momento, sentiu falta do marido. Na verdade, sentiu-se meio ridícula sentada solitária à mesa, mas logo se lembrou de todo o evento e de como estava cansada. Não deu, por isso, importância ao fato de estar sozinha.

Nesse momento, o diretor Sampaio apareceu e a convidou para dançar. Júlia sentiu-se encabulada, mas resolveu aceitar.

Sampaio já era um senhor idoso. Cabelos brancos e várias rugas marcavam a trajetória daquele homem expressivo e sorridente. Era um executivo muito poderoso dentro do banco. Durante a dança, ele comentou:

— Você fez uma coisa surpreendente, Júlia.

— Obrigada.

— Você sabe que eu pretendo aposentar-me no final deste ano, e fico feliz por ter participado profundamente de uma das melhores atividades do banco.

Júlia corou. Sentiu que não recebia um elogio falso nem superficial. Ela sabia que as palavras daquele homem eram muito bem medidas. Ele prosseguiu:

— É verdade! As pessoas empreendedoras são as mais bem-vistas dentro de uma sociedade. Elas recebem, é claro, muitas críticas, que em geral vêm de gente que vive no plano das idéias, e não no plano das realizações. Escute este conselho de um homem prestes a se retirar da "manada": só quem realiza aqui é que cresce nos outros universos.

— Outros universos?

— Não se espante, Júlia. Não estou falando do mundo dos mortos. Esse conceito de morte e vida, para nós, é muito restrito, sabemos que a morte é apenas mais um entre tantos conceitos. Estou falando das várias possibilidades!

Júlia ficou perplexa por um momento.

— Tenho absoluta certeza de que você sabe do que estou falando. Venha, quero apresentar-lhe minha esposa.

Júlia foi conduzida à mesa de Sampaio e viu ali uma senhora muito simpática. Após as apresentações, a jovem se perguntou se não estaria em uma situação embaraçosa. Sampaio deixara a esposa sozinha para dançar com ela. No momento em que pensou nisso, a senhora disse em tom cordial:

— Não se preocupe. Já dancei com esse homem a noite inteira, na verdade a vida inteira. Meu marido é um pé-de-valsa!

O riso aliviou a tensão de Júlia.

— Agora vamos embora — continuou Sampaio. — Vamos deixar a noite para os mais novos. Quanto a você, Júlia, saiba que darei um grande conselho aos colegas que ficarão no banco após minha aposentadoria. Continue conosco, menina. Você faz a diferença porque decide e realiza, no plano concreto, a onda de possibilidades...

Com essa frase enigmática, Sampaio e sua esposa saíram do salão. Júlia contemplou o recinto. Sentia ter realizado um grande trabalho. Um trabalho digno.

22

Sampaio estava na sacada do hotel. Sua esposa dormia na grande cama, um sono profundo. De pijama, ele contemplava a noite. Estava admirado com a força de vontade daquela sua funcionária. Claro que não contou isso a ninguém (se contasse, provavelmente não chegaria aonde chegara), mas, no dia da reunião em que Júlia apresentou o projeto do evento, ele vira todas as energias que se irradiavam pela sala. Viu nitidamente o chefe de Júlia, Guimarães, tentar a todo custo prejudicar as boas emanações que vinham dela e de Gilberto. Em certo momento, sentira até vontade de rir, pois a "guerra de luzes" dentro daquele recinto era enorme.

Sampaio percebera o momento exato de intervir. Viu sua onda energética, sábia e poderosa, tomar conta de todos os diretores, dispersando qualquer tipo de medo que pudesse impedir a realização daquele projeto.

Ele esperava que, algum dia, a raça humana pudesse acreditar no que as pessoas não viam ou talvez valorizar mais o que sentiam. Sampaio sempre dera profundo valor a suas sensações. Aos poucos, elas se "solidificaram" — até que um dia ele conseguiu vê-las. Por vontade própria, desenvolveu essa qualidade perceptiva. Podia ver e sentir a maioria das energias emanadas por ele mesmo e por outras pessoas, e isso sempre o ajudou tanto na vida quanto no trabalho. Era simplesmente impossível esconder alguma coisa dele. À medida que sua consciência crescia, Sampaio compreendia quanto a vida é um grande aprendizado. Por experiência própria, tinha conhecimento da existência de muitas possibilidades de vidas simultâneas em outros "universos".

Tinha também pleno conhecimento de que um aspecto seu estava concentrado naquele instante, em que compartilhava o mesmo tipo de criação de realidade com várias outras consciências. Sabia também que todas as suas existências de algum modo se relacionavam, pois quando relaxava e entrava em contato com seus sentidos interiores recebia informações precisas sobre seu "eu" multidimensional. Por essa razão, a questão da morte física havia muito perdera para ele o sentido de finitude imposto pela crença vigente no planeta.

Sampaio chegara a um entendimento tal sobre a existência que acabara por concluir que a morte do corpo atuava apenas como um conceito de finalização da vida da consciência na Terra, mas todos tinham a chance de passar por várias mortes e renascimentos em uma única vida. Para isso, bastava deixar os vícios emocionais, ousando tomar um rumo diferente, ou seja, adaptando-se criativamente a novas maneiras de ser. Para atingir esse ponto, os seres humanos deveriam praticar a auto-observação, de mente aberta, para que gradativamente discernissem as imagens que compõem os cenários verdadeiros de sua vida e as imagens que não se relacionam a uma vida feliz e plena de realizações, abandonando em definitivo as crenças limitantes.

Ele gostara de Júlia porque percebera sua criatividade e sua ousadia, que se manifestavam naturalmente.

Essas reflexões sobre a existência deixavam Sampaio relaxado e tranqüilo. Ficava então evidente que se sentia pleno não por ser um homem de posses (afinal, o que levaria para a outra vida?), e sim porque adorava aprender. Queria entender, queria pesquisar a alma humana em sua passagem pela Terra. E, fazendo uma análise de toda a sua vida, sentia-se satisfeito. As questões sobre poder e posse deram-lhe a chance de conhecer intimamente a alma humana, suas virtudes e seus defeitos.

Agora ficara por demais intrigado com Júlia. Sabia ou sentia que ela não estava sozinha. Havia algo de muito sério por trás daquela jovem que ele mesmo não conseguia apreender. Isso o preocupava. Tinha a nítida sensação de que Júlia estava sendo muito, mas muito, observada. Parecia-lhe que, se ela saísse dos trilhos, alguma coisa muito ruim talvez acontecesse. Sampaio "enxergava", com seus olhos internos, que isso poderia ser desastroso. De certo modo sentia que já ocorrera alguma coisa contra a vontade dela. Estava sensibilizado com Júlia, percebia haver nela uma vida que desejava ser própria e independente, mas alguma força aparentemente maior a monitorava. Sampaio só não sabia que força era essa.

Mas percebeu também que Júlia era uma mulher bastante inteligente. A cada dia que passava, cada vez que conseguia transformar seus pensamentos em realidade, ela se tornava mais forte — mais forte do que as pessoas que tentavam conduzir seu destino.

Sampaio percebeu também que, ao mesmo tempo em que Júlia era observada, uma grande força atuava dentro dela, como se alguém muito querido lhe desse apoio. Naquele momento de sensibilização com a história de Júlia, ele recebeu mentalmente alguma coisa parecida com uma informação cuja origem não ousou questionar:

— Ela está bem. Fique tranqüilo.

Sampaio repetiu a informação em voz alta, e sua mulher resmungou em resposta.

Despertou de sua introspecção e foi para a cama. Abraçou com carinho a esposa, tão idosa quanto ele, e fechou os olhos, saboreando o perfume de sua mulher. Sentira esse aroma durante a maior parte da vida. Agradeceu a Deus por estarem juntos naquele momento, embora soubesse que também poderiam ficar juntos em outro momento, em outro universo.

23

Júlia observou por um momento o salão e viu que Ruth olhava apaixonadamente o gerente que a convidara para dançar. Ela sorriu e retirou-se. Seu trabalho naquele lugar estava praticamente encerrado. No dia seguinte, os gerentes acordariam tarde, tomariam um belo café-da-manhã e voltariam para suas casas, para suas agências. Mudados? Impressionados? Júlia esperava que sim.

Saiu do salão e foi para uma pequena sacada de madeira com vista para um lago levemente iluminado. Apoiou-se no parapeito, respirou o ar noturno e ficou devaneando sobre o que faria em seguida. Seu marido queria um filho, e ela adiava a decisão. Não sabia se queria um filho naquele momento de plena ascensão profissional. Será que a chegada de uma criança não a atrapalharia? Em seguida abandonou essa idéia. Afinal, gerar filhos não impedira a mulher de evoluir, talvez muito mais que os homens, na vida e na carreira.

Viajava nesses pensamentos quando ouviu palmas. Palmas curtas, com vários intervalos entre uma e outra. Palmas curtas e fortes. Palmas sarcásticas. Guimarães caminhava em sua direção batendo palmas.

— Parabéns, Júlia. Você merece.

Ele estava visivelmente embriagado.

— Você conseguiu fazer sua "brincadeirinha". E conseguiu me fazer de palhaço diante de todos.

Júlia podia sentir uma força densa e carregada que emanava das costas de Guimarães e se dirigia a ela. O homem continuou, aproximando-se cada vez mais.

— Você, sim, ou pensa que eles acreditam que eu fiz tudo isso? Eles me sorriem e me dão um salário muito maior que o seu, mas sabem que não fui eu. Você foi esperta e me apunhalou pelas costas.

Júlia respirou fundo. Ao seu lado havia uma árvore cuja altura ultrapassava a sacada de madeira. Ela se afastou um pouco e se apoiou em seu tronco. Uma onda de maturidade e de energia emanou da árvore, incorporando-se à freqüência de Júlia. Ela imediatamente se sentiu fortalecida. Sabia que o confronto com seu chefe ocorreria mais cedo ou mais tarde. Pensava apenas que esse embate se daria em situação mais civilizada, dentro do escritório e sem bebedeiras. Mas, se fora guiada até aquele local, que houvesse ali mesmo o confronto.

Respirou com toda a força e enfrentou seu chefe.

— Se eu lhe contasse minha idéia, você não a aceitaria.

— É claro que não. Achei tudo uma bobagem desde o início.

Era seu projeto, sua idéia. Júlia não deixaria que ele a tratasse como lixo.

— Para uma "bobagem", até que foi muito bem aceita.

Júlia detestou aquele homem por um momento. Foi o suficiente. Uma brecha se abriu em seu campo de proteção. Guimarães aproximou-se e ela sentiu o cheiro repugnante da bebida alcoólica.

— Eles são todos uns imbecis. Como você. Mas eu tenho minhas "costas quentes". Tenho a tradição de minha família. E tenho poder. Hoje você está de parabéns, mas na semana que vem, na outra ou daqui a um mês será completamente esquecida. Fique tranqüila que vou cuidar disso pessoalmente, ou melhor, já estou cuidando. Olhe aqui.

Guimarães tirou uma folha de papel do paletó.

— Tomei a liberdade de providenciar nosso informativo mensal.

Era o informativo mensal do banco ou, pelo menos, a primeira versão dele. Guimarães continuou, com um sorriso sarcástico no rosto:

— Nele, como você pode ver, não falamos muito de seu pequeno evento. Muitas informações correm neste banco, e seu evento é apenas uma delas. Não esqueça que você estava envolvida em toda essa parafernália enquanto eu cuidava da comunicação interna. Basta que eu dê destaque a alguns acontecimentos, e não a outros, para que essa brincadeira e você, junto com ela, sejam brevemente esquecidas. Eu garanto.

Júlia teve medo. A brecha de seu campo de proteção abriu-se mais ainda e a energia escura penetrou nele, envolvendo-a por completo. Imaginou que poderia ser facilmente despedida e o medo aumentou. Medo de não conseguir realizar mais nada. Medo de perder tudo o que conseguira. Medo por seus colegas de trabalho. Como se lesse seus pensamentos, Guimarães completou:

— Sim, Júlia, em breve, daqui a um mês, mandarei você e sua equipe para a rua. Perto de mim não há lugar para você, Júlia. Pode esquecer.

Guimarães chegou muito perto dela. Júlia não desviou o olhar, mas estava com medo, com muito medo daquele homem. A mão dele agarrou seu braço, e ela pôde ver quase todos os seus dentes enquanto sentia aquele hálito de raiva. Nervosa, teve vontade de chorar. Guimarães começou a rir. Júlia respirou dolorosamente. Sentia-se indefesa. O que poderia fazer?

Por um instante, ela o encarou e penetrou profundamente naqueles olhos. Ficou muito triste com o que viu. Nessa viagem pela estrutura da consciência de Guimarães, teve a oportunidade de percebê-lo como um ser humano que queria driblar a todo custo seus sentimentos de impotência, viu a vida dele passar diante de sua mente como os cenários de um filme vivo. Era doloroso constatar que aquela vida inteira se resumia a múltiplas repetições da mesma história de fracasso emocional. Era uma realidade muito triste e muito pequena diante da imensidão de possibilidades da existência. Havia, dentro dele, uma fixação absoluta que baseava toda a sua vida apenas no ponto relacionado à visão negativa que tinha de si mesmo, dos outros e do mundo. Permanecia cego na crença de que tudo era motivo de competição e ele tinha de vencer sempre, não importava o meio usado para isso. Viu toda a vida daquele homem em seus olhos. Todos os medos, as desilusões e os valores que o conduziam a uma profunda infelicidade. Júlia sentiu tudo aquilo em bloco, num relance do olhar. Depois de identificar aquele estado da consciência de Guimarães, percebeu com extrema nitidez que todos os seus movimentos eram precisos e coordenados. A qualidade de sua observação habilitou-a a lidar com ele de modo empático, mas sem emoção. Sua desestabilização emocional e seus medos perderam a razão de ser. Aquele homem não mais poderia provocar nenhum dano a sua integridade.

Júlia levantou a mão e acertou um sonoro tapa no rosto bêbado de Guimarães, fazendo-o recuar vários passos.

Ele certamente não esperava por aquilo. Por um momento ficou desconcertado. Foi o tempo de que Júlia necessitava para desviar-se dele, colocando-se do outro lado da sacada. Sua voz soou poderosa e segura:

— Faça o que quiser. Você não pode me fazer mal. Não tem forças para isso. Não consigo nem sentir raiva de você, Guimarães. Apenas sinto pena. Muita pena. Você dirigiu sua vida para um grande, um imenso vazio. E nem pense, repito, nem pense que vai levar a mim e à minha equipe para esse "nada", para esse círculo vicioso que arrasta você para seu buraco negro.

Júlia sabia bem por que dissera aquilo. Podia ver esta e todas as vidas de Guimarães. Notou que em várias delas, se não em todas, devido ao medo de ampliar suas possibilidades de existir, ele se cristalizara num único modo de ser, gerando, como defesa dessa clausura auto-imposta, uma grande arrogância que se manifestava na forma de um conhecimento dogmático sobre alguns conceitos que o ajudavam ainda mais a permanecer paralisado em sua concepção criativa. Fazia uso dos dogmas em suas falas para que servissem como estratégia contra todos os que discordassem dele. Como não se movia, fazia tudo para que quem estivesse ao redor dele também ficasse paralisado.

Júlia sabia que pessoas como ela, criativamente livres nas concepções de realidade, representavam uma séria ameaça a Guimarães por mostrar a ele quanto se mantinha estagnado e repetitivo. Seu chefe era uma pessoa em luta constante para não entrar em contato com sua condição de profunda apatia.

Guimarães estava desconcertado. Júlia continuou:

— E agora, faça-me o favor, cuide de seu caminho. O meu é muito, muito diferente do seu.

Ela se retirou e deixou Guimarães tonto pela bebida e pelas palavras que ouvira na sacada do hotel. Sabia que seria demitida na segunda-feira, estava com pena, com profunda pena de seu chefe, mas, afinal de contas, ele escolhera aquele caminho.

Júlia foi para seu quarto e dormiu um sono profundo.

O evento, porém, não foi esquecido, como queria Guimarães. O informativo do banco fora devidamente modificado pelos assessores de Sampaio. Era seu último ato não oficial antes de se aposentar. Ele sabia que precisava proteger Júlia da fúria de Guimarães e resolveu o impasse mudando-o de cargo e até de prédio. Júlia era ainda muito nova para assumir a função do ex-chefe, embora Sampaio desconfiasse que ela se sairia muito bem. Colocou na liderança da equipe uma mulher de pulso firme, porém muito mais correta e compreensiva do que Guimarães. Júlia e seus colegas respiraram aliviados. Ela foi encarregada pessoalmente de organizar a festa de despedida de Sampaio. Essa comemoração foi requintada, digna da despedida de um diretor responsável, em grande parte, pelo sucesso financeiro da instituição. Júlia não sabia que toda aquela manobra fora realizada para mantê-la no cargo, embora desconfiasse disso. Ao despedir-se de Sampaio, agradeceu pessoalmente entregando-lhe um belo presente: uma coleção de fotos de Elvis Presley. Sampaio abraçou-a como abraçaria a filha que nunca tivera.

Sampaio seguiu seu caminho e Júlia continuou a construir sua vida.

24

Chegara o momento em que Júlia "precisaria" ter um filho. "Um ser monitorado para tornar-se uma ramificação do projeto", pensavam o Professor e seus alunos. Um ser devidamente planejado e coordenado por outra vertente da pesquisa. E assim foi feito. Júlia e seu marido sofreram várias influências de Blue e de seus pares para que nela despertasse, quimicamente, o instinto da maternidade. Júlia a princípio resistiu, e resistiu muito. Estava em plena ascensão no emprego e não almejava ter filhos. Mas a influência de Blue era terrivelmente possante. Entrava em sintonia com seu cérebro, despertando nele, ferozmente, o poderoso instinto de perpetuação da espécie humana, fazia seu organismo produzir potentes substâncias químicas para induzir suas decisões (essa associação química entre a mente racional, os desejos e as emoções também era objeto de pesquisa).

Como conseqüência, sobrevinham repentes em Júlia, que interrompia seus afazeres para olhar, "encantada", as mulheres grávidas que passavam pela rua ou as crianças levadas em seus carrinhos ou ainda os casais que passeavam com os filhos. Quando dava conta de si, estava fazendo carinhos e caretas para crianças de colo. Todas tão lindas! Era o instinto, que batia forte dentro dela, despertado por terceiros.

Mesmo assim receava. A idéia de ter um filho incomodava Júlia, que no íntimo ainda não estava certa de desejar de fato a maternidade ou não. Achava estranho aquele conjunto de situações favoráveis que a envolviam, inclusive os sentimentos que tomavam conta dela de um momento para outro e não conseguia evitar. Além disso, receava ter um filho com Ronaldo. O que na verdade a incomodava, embora não soubesse disso com muita clareza, era o fato de que teria um filho porque outras pessoas queriam impor-lhe isso. Embora de algum modo soubesse que criava sua realidade na Terra com certa autonomia e facilidade, percebia haver algo de obscuro em relação a essa liberdade. Sentia-se como se alguém tivesse seqüestrado uma porção vital de seu ser. Sabia da existência de uma força sobre ela, e era exatamente essa força que a impedia de ter total autonomia em suas escolhas e, portanto, não lhe permitia ser realmente feliz.

Mas Júlia concordara com tudo aquilo antes de vir para a Terra.

As coisas, no entanto, mudam, não é verdade?

Certa noite em que estava profundamente angustiada com sua dúvida, pensou em André. Como seria se ele não tivesse sofrido aquele acidente? Estariam casados? Estariam juntos? Júlia tivera outros namorados, outras paixões, mas jamais esquecera André. E, naquela noite, deixou-se envolver totalmente em suas lembranças dele e da intensa paixão do passado, que terminara com um trágico acidente. Ao dormir, viu-se, de imediato, levada até André, e ambos iniciaram uma comunicação repleta de saudade.

— Oi, Júlia. Você me chamou?

— Chamei.

Júlia contou a ele suas dúvidas sobre ter ou não um filho.

Sempre que estava nesse outro plano, Júlia sabia que era manipulada — pelo menos era isso que desejava que seus companheiros pensassem. Mas permanecia no domínio pleno de suas decisões e tinha consciência disso. Por essa razão, chamara André — para saber se queria ou não ter um filho.

— Sinto o instinto bater em minha porta. O que devo fazer?

André pensou por um momento. Já sentira a tentativa dos seres etéreos de invadir aquela conversa.

— Vamos dar uma volta, Júlia.

A jovem percebeu que André vibrava em sintonia diferente e tentou acompanhá-lo. Foram, de imediato, transportados para outro local e outro momento. Júlia de repente se viu em outro corpo, ou melhor, em seu corpo. Estava bem acordada, em um lugar diferente, e logo toda a sua memória veio à tona. Mas era muita informação. Júlia não conseguia captar todo o conteúdo, mas na verdade não precisava disso, não para o objetivo que precisava alcançar. Ela estava em um carro, um veículo muito simples, diferente do seu. Dirigia por um bairro de sua cidade, um bairro repleto de árvores. Quando se deu conta, estava parada, ouvindo a buzina de outro carro. Olhou e viu que o semáforo à frente estava verde. Júlia acelerou. Para onde se dirigia? Ela sabia e, como se fizesse isso todos os dias, parou diante de uma escola. O muro estava repleto de desenhos. Era uma escola infantil. Deixou o carro e encaminhou-se para a porta. Algumas crianças saíam e eram levadas pelos pais. Uma funcionária da escola estava na porta e despachava os alunos. Júlia aproximou-se e foi recebida por um sorriso suave:

— Olá, dona Júlia, tudo bem?

Ela ficou por um instante sem saber o que dizer. O que estaria fazendo ali? Essa hesitação durou uma fração de segundo, pois percebeu que sabia o nome da funcionária.

— Tudo bem, Maria. E você?

— Estou bem.

Outra fração de segundo. Uma parte dela estava espantada com tudo aquilo. Quem era aquela mulher? Como sabia seu nome? O que viera fazer naquela escola infantil? Outra parte sua, porém, sabia exatamente o que dizer.

— Vim buscar meu filho...

"Vim buscar meu filho?" Isso era demais, que absurdo! Que filho? Mesmo assim, Júlia continuou a falar, como se fosse a coisa mais natural do mundo:

— É o...

Por um momento, por um lapso de segundo, esqueceu o nome do filho.

Uma parte dela dizia: "Eu não tenho filho". A outra perguntava: "Como posso esquecer o nome de meu filho?" Nessa curta batalha atemporal de sua consciência, a Júlia que não tinha filho estava perdendo. Os acontecimentos se tornavam mais naturais a cada momento. Uma voz interior lhe dizia para "deixar fluir". Júlia deixou. O nome do filho veio instantaneamente à sua lembrança:

— O Gabriel já saiu da aula?

— Só um minuto.

A moça nem percebeu que ela, por um instante, esquecera o nome do menino. Voltou-se para dentro e chamou. Através da porta, Júlia pôde ver várias crianças que brincavam no pátio.

— Gabriel, sua mãe chegou.

Um menino de cerca de 5 anos que brincava com um jogo de montar junto de alguns amiguinhos levantou a cabeça e olhou para a entrada.

Antes mesmo de ver seu rosto, Júlia sabia que aquele era seu filho. Uma onda de emoção tomou conta de todo o seu corpo. Era seu filho, uma parte dela, que estava ali. Dentre dezenas de crianças, aquele pequenino ser estava ligado a ela.

O menino, tão bonito quanto a mãe, pegou a mochila, enorme, com a estampa de um super-herói famoso, e correu ao seu encontro. "Essa mochila é muito grande para um menino tão pequeno", pensou Júlia. Quando se aproximou, deu um grande pulo e caiu nos braços da mãe. Júlia percebeu que, naquela atualidade, seus braços estavam mais fortes e seguravam com facilidade aquele pequeno ser.

As palavras saíram naturalmente de sua boca (como não poderia deixar de ser):

— Oi, meu amor! Tudo bem com você?

— Mamãe, olha o que eu fiz.

O menino se desvencilhou dos braços da mãe, abriu a mochila e pegou seu caderno para mostrar o desenho de uma espécie de avião.

— O que é isso?

— É uma nave espacial. Mãe, tô com fome. Vamos jantá?

As palavras, ditas de modo infantil, novamente comoveram Júlia.

"Que lindo! Está fazendo um esforço enorme para pronunciar as palavras."

— Claro, meu lindo. Vamos comer um montão de coisas.

— Oba!

Júlia abraçou o filho mais uma vez. Não sabia o motivo, mas sentia vontade de chorar de emoção.

— Agora vamos sair da porta da escola, não é?

Júlia levou Gabriel para o carro, acomodou-o no banco traseiro e partiram.

— Mamãe, aprendi uma nova música na escola. Posso cantar?

— Claro!

E o garoto cantou a tal canção:

Pisa na fulô,
Pisa na fulô,
Pisa na fulô,
Não maltrate o meu amor.

Júlia parou no semáforo vermelho. Era uma tarde quente. Gabriel falava muito, muito. Contava desde as aventuras do recreio até as lições fascinantes do dia. "Mamãe, você sabia que a Terra é redonda?" O dia quente, o som do motor do carro e a voz do menino pareciam hipnotizá-la. Gabriel voltou a cantar a música da flor...

O calor, a música, o motor. Júlia fechou os olhos por um instante, menos de um segundo. A voz suave do filho continuava...

Percebeu, de repente, que não estava mais no carro, e sim dentro de uma sala, sentada numa poltrona. Teve um ímpeto de desespero. Onde estaria seu filho? Acalmou-se imediatamente porque viu Gabriel sentado no tapete, cantando a mesma canção. Desta vez, porém, um homem acompanhava a cantoria com um violão.

Era André.

Júlia abriu a boca para protestar. O que estava acontecendo? Calou-se, porém, em seguida. Decidiu, em um átimo de segundo, que em vez de perguntar seria melhor contemplar a beleza da cena. Seu filho cantava acompanhado ao violão pelo homem que amava. Quando percebeu, estava cantando também a música que ele lhe ensinara. Lembrou-se imediatamente de tudo. Chegara em casa e dera banho no menino. Tomara um lanche com o filho. Ajudara-o a fazer as lições de casa. Gabriel brincou um pouco e André chegou com uma pizza.

André?

André era seu marido. Estava um pouco mais velho, mas mantinha o lindo sorriso.

No final da música, o filho ergueu-se do tapete e abraçou o pai.

— Você sabe quem escreveu essa música, Gabriel?

— A professora falou, mas eu não me lembro.

— Foi um poeta do sertão que se chamava João do Vale. Era do Maranhão, lá no norte do Brasil, e escreveu lindas canções.

— Pai, posso comer mais um pedaço de pizza?

— Ora, ora, que menino comilão! Vai crescer forte como um touro. Vamos à cozinha, vou pegar mais um pedaço para você. O que foi, Júlia?

André viu que Júlia sorria com os olhos marejados de lágrimas.

— Nada. Eu só estava aqui pensando nas "possibilidades".

André sorriu. Gabriel também estava sorrindo. Naquela realidade, Júlia tinha um menino com os olhos do pai. André a beijou e foi com o filho para a cozinha.

Júlia respirou profundamente. Fechou os olhos por um momento. Ouvia a voz dos dois num diálogo simples sobre o que seria um "compositor". A criança não se importava em saber quem fizera a música, apenas gostava de cantar. Júlia respirou fundo mais uma vez e gradativamente sentiu-se mais leve, muito leve. Pouco a pouco, as vozes ficaram cada vez mais distantes, mais e mais distantes...

Júlia viu-se de novo em um mundo diferente. Ainda estava com André, mas em outro plano. Sobressaltou-se outra vez, queria ver Gabriel. Percebeu imediatamente que seu filho se encontrava em um mundo que não era o dela.

— Seu filho está em outra realidade, Júlia, em uma realidade em que um novo aspecto de sua consciência coexiste, isto é, em outra linha de tempo escolhida por nós. Mas não é seu tempo atual. Esse seu aspecto consciente daqui pertence a uma atualidade diferente, que você bem sabe qual é. Acontece que você expandiu sua consciência para experimentar essa realidade, na qual também existe.

— Mas nós, juntos...

Júlia ficou um pouco deprimida.

— Eu sei. Mas é lindo, não é? Vez por outra entro em sintonia com essa realidade. Passo momentos maravilhosos que, por ser tão intensos e prazerosos, acabam por refletir-se em sua realidade. Não há dias em que você está feliz e não sabe por quê? São esses momentos. Experimentamos outras realidades para resolver problemas que às vezes não têm saída no plano onde vivemos. E muitas vezes, aparentemente de modo repentino, as soluções desses problemas nos vêm à mente. Você acaba de vivenciar uma realidade na qual está com seu filho. É isso que deseja?

— Mas eu não terei um filho com você.

— Mas terá um filho se quiser. A questão é: deseja essa realidade para você?

Júlia refletiu por um momento. Lembrou a emoção de apertar o filho junto ao peito, de receber seu sorriso, de vê-lo brincar no pátio, de ouvi-lo cantar. Era tudo maravilhoso!

— Sim, quero...

André sorriu. Quanta saudade Júlia sentia daquele sorriso!

— Boa sorte então, Júlia, nessa nova experiência.

Sentiu que André se distanciava dela e vibrou em outra direção.

Aos poucos tomou consciência de seu corpo. Desta vez trouxe apenas alguns fragmentos da lembrança do que ocorrera, do que "sonhara", mas estava emocionada. Sabia que havia chorado muito durante o sonho. Era madrugada e estava deitada ao lado de seu marido. Ronaldo não era um estranho para ela. Olhou o rosto dele e sentiu uma profunda afeição. Começou a afagar seus cabelos e ele acordou lentamente.

— O que foi? — perguntou, sonolento.

— Nada.

— Perdeu o sono?

Júlia lembrava-se muito pouco do que acontecera. Eram apenas alguns flashes com imagens de seu filho enquanto brincava, cantava, sorria e corria. Eram sensações latentes, verdadeiras.

— Sim, perdi.

Aproximou-se de Ronaldo e o beijou com ternura. Aos poucos o beijo tornou-se mais ardente. Fizeram amor naquela noite como havia muito não faziam. E Júlia, pouco tempo depois, constatou que estava grávida.

O filho de Júlia nasceu. Ela amou a gestação, o parto, os primeiros cuidados. Sentia-se radiante como mãe. Ronaldo ficou mais presente durante esse período. Os pesquisadores comemoraram (do jeito deles) a chegada do menino. Providenciariam para que ele seguisse um caminho determinado, uma vez que a idéia era pesquisar um ser humano híbrido que jamais teria contato consciente com os aspectos mais sutis que sua mãe possuía e ficaria totalmente inserido no contexto evolutivo da consciência terrena. A diferença entre essa pesquisa e a de qualquer outro ser humano estava no fato de que seria mais fácil ter acesso a ele como transdutor porque suas freqüências revelavam alguma similaridade com as vibrações da mãe.

Quando o filho de Júlia entrou na puberdade, Ronaldo voltou a distanciar-se da família. Com o passar do tempo, o desenvolvimento do rapaz identificou-se de forma extrema com as ambições competitivas do planeta. Para ele, parecia não haver tempo a desperdiçar com outra coisa senão a conquista de seus objetivos momentâneos. Júlia começou a sentir-se um pouco solitária.

Quando se tornou assistente do diretor de comunicação do banco, durante a adolescência do filho, Júlia descobriu que o marido a traía. Em uma discussão acalorada, Ronaldo jogou-lhe na cara que ela estava distante, que parecia viver em outro mundo. A separação transcorreu sem maiores problemas. O filho ficou sob a guarda de Júlia, embora se mostrasse cada vez mais distante. Cada piercing que o rapaz ostentava parecia mais uma barreira imposta por ele entre os dois.

Júlia não sabia, mas seu filho também seguia um caminho rigorosamente predeterminado. Afinal, os pesquisadores não poderiam deixar um filho de Júlia solto, sem nenhum acompanhamento, vagando pelo planeta Terra.

25

Aproximava-se uma etapa delicada da pesquisa. Apesar de alguns percalços mais sérios, Júlia fora esplendidamente conduzida pelos caminhos escolhidos por sua equipe extraterrestre. Mesmo sem plena consciência, no plano terreno, de que fazia parte de uma importante experiência metafísica, sabia ter uma meta a cumprir determinada por ela mesma (na verdade, por seus iguais).

Chegara o momento em que uma das fases do projeto teria de ser encerrada. Era o tempo em que Júlia deveria retornar aos "seus" e informar, espontaneamente, tudo o que se passara com ela.

Júlia era cientista em seu planeta. Todas as experiências já catalogadas, mais as informações que levaria, entrariam no grande banco de dados de sua espécie, ajudando sua civilização evoluída a compreender aquela raça primitiva, porém curiosa, que ainda fazia uso inconsciente de suas habilidades criativas e de suas emoções desmedidas.

Por causa desses desvios, uma das vertentes do projeto estava dirigida à catalogação das variadas formas de dispersão de energia vital conhecidas, bem como à pesquisa do uso consciente delas, que, se dominado, favoreceria os processos de desenvolvimento da lucidez e a ampliação da consciência. O ponto forte de toda a pesquisa, porém, era o esclarecimento de uma questão: os seres humanos, em seu processo evolutivo, seriam capazes de aprender a represar, de modo lúcido, suas poderosas energias vitais? O objetivo desse esclarecimento seria a possibilidade (ou não) de construir universos (inteligências) totalmente cientes de si mesmos. Havia a idéia longínqua de que essa capacidade pudesse, de algum modo, estar vinculada ao que os humanos chamavam de amor. Havia também o risco, porém, de que esse tal "amor" fosse apenas mais um dos inúmeros recursos de construção de realidades daquele planeta em nome da luta pela conquista de poder e posses. A questão central da pesquisa sobre energia vital entre os seres humanos era a seguinte: embora o planeta Terra estivesse ciente de tudo isso em grau aparentemente mais evoluído, seus habitantes ainda não haviam conseguido a lucidez suficiente para armazenar e direcionar quanta (que são quantidades indivisíveis de energia) a partir desse tipo de energia. Havia uma lacuna obscura na história do desenvolvimento dos habitantes daquele planeta, mas os extraterrestres não sabiam do que se tratava.

Nessa etapa da pesquisa, Blue tomaria o lugar de Júlia, assumindo seu corpo físico.

Júlia descobrira, ainda na adolescência, o poder de sua mente, o poder de desdobramento do corpo físico para visitar mundos diversos em tempos distintos e em diferentes sintonias. Todos os seres humanos tinham esse poder, mas as emoções os impediam de fazer isso de forma consciente e produtiva.

O que os seres humanos não sabiam, mas Júlia descobrira ao longo de seus anos de vida na Terra, era o fato de ser impossível controlar as emoções sufocando-as ou, pelo contrário, permitindo que explodissem. Seria mais fácil para os terráqueos entendê-las aprofundando-se calmamente nelas e, por incrível que pareça, sentindo-as em plenitude e abrindo espaço para conhecer suas origens, suas causas e seus efeitos. A solução seria vivê-las plenamente não com a crença de que fossem uma doença incurável, e sim como ferramentas de transformação para alcançar a capacidade consciente de criar realidades iluminadas e prazerosas.

No início do projeto, a visão da experiência pela qual Júlia passaria assemelhava-se à dos conquistadores que encontravam índios e os julgavam oriundos de uma raça inferior. Graças à convivência e ao entendimento do modo de vida dos humanos, todos os envolvidos na pesquisa descobriram que esses seres estavam em outro estágio de evolução. Além disso, seu caminho de evolução era diferente, o que de modo algum significava que fossem atrasados. Como acontece, porém, com a maioria das raças, tendemos a considerar as situações de modo hierárquico, ou seja, do maior para o menor e do superior para o inferior. A estirpe de Júlia não era exceção a essa regra. Eles encaravam a evolução como um processo único. Era inconcebível que uma raça fosse, ao mesmo tempo, mais atrasada em alguns aspectos e mais evoluída em outros. Surpreenderam-se ao perceber que a raça humana evoluía por um caminho diferente que, em vez de extinguir as emoções, como eles próprios fizeram, dava-lhes a oportunidade de aprender a lidar com elas.

Enfim, os preparativos começaram. Blue já iniciara o processo de adaptação àquele corpo tão diferente do seu. Estava em plena consciência, e, ao contrário do processo programado para Júlia, a idéia agora seria mantê-la cônscia de si mesma durante o tempo em que ficasse na Terra.

E o dia da troca finalmente chegou.

26

Várias circunstâncias conduziram Júlia à idéia de fazer um curso de pára-quedismo. Primeiramente, o aumento da carga de trabalho tanto dela quanto de Ronaldo aumentou o distanciamento entre os dois, levando-os à separação, que embora rápida e amigável fora dura e dolorosa, provocando em Júlia uma sensação de medo e uma vontade imensa de libertar-se. Finalmente, o interesse despertado pela reportagem de uma revista sobre esportes radicais, inclusive pára-quedismo, que Ruth lhe emprestara.

Júlia inscreveu-se no curso, aprendeu pacientemente, durante meses, as principais noções sobre pára-quedismo, praticou muito e, em um belo domingo ensolarado, saltou de um avião para o vazio.

E o pára-quedas não se abriu.

Logo após a queda, Júlia percebeu que tudo estava escuro. Sentiu um frio aterrador, que lhe provocou muito medo. Após o medo, veio a dor. Perdeu a sensação de leveza, e a dor que sentia em todos os ossos dominou sua mente. Observou que já não podia respirar. O medo aumentou, o frio e a dor se agravaram. Ela se afogava naquele lago sem poder mover-se. Em um momento de lucidez, percebeu que estava presa em um círculo vicioso que precisava ser rompido. Júlia decidiu deixar as coisas fluírem como se estivesse no meio de um sonho. A primeira sensação que desapareceu foi o medo, logo depois a dor passou e, aos poucos, sentiu que se deslocava para outro lugar. O lago, a água, o frio e a dor eram agora impressões distantes, embora Júlia tivesse acabado de experimentá-las.

A escuridão voltou, mas ela esforçou-se para manter a calma e aguardou o que viria em seguida. Viu, de repente, que o negror em que estava era um imenso túnel, e várias imagens começaram a passar ao seu lado. Sabia que, se tocasse alguma daquelas imagens, seria instantaneamente sugada e teria muita dificuldade para livrar-se. Por isso, apesar da sedução que sentia pelas imagens, intuitivamente não tocou nenhuma delas. Continuou então a viagem. Percebeu que estava chegando a algum lugar. Na verdade, o lugar é que parecia materializar-se diante dela, como se sempre tivesse existido. E o que encontrou ali era Blue. As duas estavam no meio de um facho de luz. Havia ao redor várias pessoas, ou entidades, a observá-las.

Ao perceber que estava em um ambiente estranho, Júlia assustou-se e tentou afastar-se dali. Sentiu então outra presença atrás dela. Voltou-se e viu um facho de luz que emanava de um homem e a atingia em cheio. Júlia sentiu-se segura. Uma onda de imagens invadiu seu ser. Era a totalidade de suas lembranças, que lhe invadiam a mente. Soube imediatamente quem era, qual era seu passado e o que deveria fazer. Lembrou-se também de que não se chamava Júlia. Na verdade, não tinha nome. Reconheceu o homem que se conectara com ela. Era o Professor. Sentiu vontade de abraçá-lo, mas logo se deu conta de que não havia abraços naquele plano, tampouco demonstrações de afeto. Percebeu, nesse instante, que voltara de sua viagem-pesquisa, mas estava muito diferente do que era quando a iniciara.

Blue estava diante de Júlia, que sabia o que deveria fazer: ligar-se a ela para repassar-lhe todas as lembranças de sua experiência terrestre, dando-lhe, assim, condições de tomar seu lugar. Como se fosse uma máquina desligada durante muito tempo que de repente volta a operar, Júlia dirigiu seu pensamento a Blue e imediatamente as duas ligaram-se a uma espécie de fio cônico de luz. Todas as lembranças de Júlia começaram a passar para Blue. Certo torpor tomou conta de ambas. Eram incontáveis informações, um momento único, muito esperado.

Blue aguardava o final do processo. Talvez estivesse ansiosa se a tensão fizesse parte de sua realidade, mas a ansiedade havia muito fora controlada e banida de sua sociedade. Ela percebeu que Júlia se lembrava de tudo e não se negara a passar suas lembranças. Pela primeira vez, essa experiência seria testada — trocar a consciência de um corpo humano por outra consciência. Blue recebeu as lembranças de Júlia. Sentiu como se ela mesma tivesse passado por tudo aquilo. Não compreendia como pudera deixar sua vida (de Júlia e agora dela) ser conduzida, daquela forma, pelas emoções. Blue não entendia o que eram as emoções, nunca as experimentara e tomava contato com elas, pela primeira vez, por meio do fluxo mental de Júlia.

O processo estava completo. Blue detinha agora todas as informações de Júlia. Cabia a ela voltar ao corpo físico e não deixar que ninguém percebesse que se tratava de outra consciência. Para isso, a passagem e o armazenamento corretos das lembranças de Júlia eram fundamentais.

Júlia foi amparada pelas duas pessoas que estavam próximas. Elas sabiam que a transferência de memória acarretava grande perda de energia. Uma dessas pessoas fora encarregada de assessorar Blue em sua viagem ao mundo físico e a outra, com o Professor, auxiliaria Júlia na transição e no desligamento de seu corpo terreno.

Um facho de luz ligava Júlia a uma espécie de portal. Além desse portal, a luz se perdia no infinito. Outra equipe encarregava-se de transferir esse facho de Júlia para Blue. Era uma parte muito delicada da operação. Todos sabiam que a resistência do corpo físico dependia do sucesso daquele procedimento.

Blue aguardava a transferência do facho. Observou que alguns fragmentos da luz que vinha de Júlia caíam diretamente sobre ela. Era como se sentisse choques cada vez mais dolorosos.

— Você está resistindo. Ligue-se a eles.

A ordem veio do Professor, que notou em Blue um brilho diferente do esperado. Ao receber a informação do Professor, Blue deixou que aquela onda tomasse conta de seu ser. Era uma sensação que havia muito não sentia, como se sua consciência fosse sugada por uma força imensa. Ela sabia, porém, que não podia deixar-se levar enquanto o processo não se completasse.

Amparada, como se estivesse nos braços do Professor, Blue na verdade recebia um facho de luz de Júlia, que viu a luz que a ligava ao portal dividir-se. A metade de sua luz já passara para Blue. Júlia notou que seu corpo se desligava rapidamente de sua essência. Assim, em poucos momentos, tudo o que vivenciara teria continuidade em outra pessoa. Outra consciência ocuparia o que ela foi. Sensações conflitantes tomaram conta de seu ser. Por um lado, sabia que tinha um trabalho a fazer. Era parte fundamental de um importante projeto que aceitara executar. E, naquele momento, sua tarefa, embora substancial, estava concluída. Por outro lado...

Júlia dirigiu a Blue o pouco de atenção que ainda lhe restava. Um raio saiu diretamente dela na direção da outra, que sentiu a presença de Júlia e aceitou a onda de luz. Era impossível resistir, Blue sabia, pois ambas compartilhavam as mesmas lembranças e, naquele momento, dividiam a luz que mantinha vivo o corpo físico.

27

Uma equipe do corpo de bombeiros resgatou o corpo de Júlia do lago, ainda vivo, mas em condições muito sérias. Vários ossos estavam fraturados, uma hemorragia interna tomava conta do abdômen e havia suspeita de traumatismo craniano. Ela foi levada às pressas ao hospital mais próximo. Estava inconsciente.

Ruth, que ficara em terra esperando a volta da amiga, acompanhou, aterrorizada, a falha do pára-quedas. Encheu-se de esperança quando o segundo pára-quedas se abriu, mas seu sangue ficou gelado quando este também falhou. Quase desmaiou ao ver sua melhor amiga bater, indefesa, contra os galhos de uma árvore para em seguida despencar nas águas do lago. Após o resgate, aliviada por saber que Júlia ainda estava viva, Ruth tentou entrar em contato com os poucos familiares dela. O pai residia, com a madrasta, em outro continente, e o filho também estava fora do país participando de um intercâmbio cultural entre jovens. Em breve, porém, chegou ao hospital a governanta da casa, Dalva, a pessoa mais presente na vida de Júlia.

Ambas receberam, mais tarde, a notícia de que Júlia resistira bem à cirurgia para estancar a hemorragia interna, mas seu estado era grave. Estava inconsciente e devidamente sedada.

Dalva e Ruth choraram na recepção do hospital, sentindo-se impotentes.

Agora só dependia dela.

"Isso não é correto. Ela está saindo do padrão combinado." A informação veio de um dos assistentes do Professor. Nenhum deles previra que Júlia e Blue poderiam conectar-se durante e após a troca. Esse fato prejudicava completamente a transferência da energia do corpo físico para Blue. Um dos assistentes tomou a iniciativa de tentar cortar aquela ligação enviando um pensamento contrário fortemente concentrado.

"Não", disse o Professor. "Vamos ver que novo padrão resultará desse fenômeno. Por favor, parem o que estão fazendo."

A equipe imediatamente interrompeu o trabalho.

"Com esse procedimento, o corpo físico talvez se perca", alertou o assistente.

"Talvez não", comentou o Professor, observando que alguns aspectos da consciência das duas estavam distantes, muito distantes.

Júlia e Blue entraram na mesma vibração. Determinados aspectos de ambas as consciências moveram-se para outro ponto. Blue estava quase desfalecida. O contato com as emoções de Júlia fora um impacto extremamente violento, que seria assimilado aos poucos, mas naquele momento ela se sentia ainda muito anestesiada. Júlia, pelo contrário, mesmo com a consciência de quem era de fato, mantinha ainda na mente toda a bagagem de sua recente vida. Não sabia direito o que estava fazendo, mas sabia que seria repreendida com rigor e provavelmente afastada do projeto ao qual dedicara tanto tempo. O problema era que, naquele instante, tinha necessidade de algo mais além de transferir toda a sua vida para outra consciência. Achou, a princípio, que fosse apenas isso. Não estava disposta a pensar nas causas de suas necessidades. Depois lidaria com as conseqüências.

Pensou em um jardim, um lindo jardim. Queria que Blue participasse, com ela, das sensações agradáveis de estar junto das árvores, do verde, do mato. Júlia desenhava o lugar com a mente, e as imagens ganhavam forma no espaço como se houvesse um pincel invisível. Ela mentalizou com intensidade um sol maravilhoso, um céu azul, um gramado e um vale circundado por montanhas que se confundiam com o horizonte – um verdadeiro jardim do Éden.

Júlia mantinha-se de pé, mas Blue, esgotada, estava de joelhos e sentia o contato com a relva. Estava também muito impressionada com a nova experiência. Tinha mãos. Não era matéria, e sim uma forma que lembrava mãos desenhadas por luzes. Possuía mãos, braços, tronco, pernas, e tudo isso apenas porque Júlia assim desejava. Do mesmo modo como desenhara a paisagem, também havia desenhado Blue. Dera-lhe expressão fisionômica de acordo com suas lembranças. E Blue podia ver a si mesma porque, durante aqueles instantes, as duas eram apenas uma.

Com as novas mãos, Blue tocou o verde, o gramado, sentiu o úmido frescor do orvalho. Por fim, sentiu o sol. Havia muito não recebia o impacto da luz solar. Júlia desejou o vento — o vento veio e envolveu com suavidade o rosto transparente de Blue. Ela fechou os olhos para sentir o prazer de receber o sopro do vento no rosto.

Blue tomou consciência de que respirava. Cada alento era uma bênção. Aquelas sensações, que havia tanto tempo sua raça não experimentava, provocaram-lhe certa nostalgia, como se toda a sua antiga estirpe, de eras tão remotas, ressuscitasse dentro dela naquele momento. Chorou ao sentir o vento em seu rosto, e o próprio fato de chorar era uma "nova" e surpreendente emoção.

"Não sei por quanto tempo poderei mantê-la assim", pensou Júlia.

Esse pensamento passou por Blue como um raio, mas ela estava tão anestesiada pelas emoções que não percebeu que, de certa forma, Júlia a iludia.

— Blue...

Júlia chamou-a, mas Blue teve a impressão de que a voz vinha de outro universo, e não de alguém que estava junto dela. Percebeu também que podia falar. Sabia como lidar com as palavras e como emitir a voz.

— Júlia, eu... eu...

Ela só não sabia o que dizer. Espantou-se com o som da própria voz. Júlia então decidiu falar e apontar os fatos diretamente. Não achava justo iludir Blue.

— Você está experimentando essas sensações e emoções pela primeira vez. Não deveria ser assim, mas achei necessário fazer isso, pois afinal você vai tomar posse da vida que até agora era minha no planeta Terra.

A voz de Blue soou insegura:

— Eu... eu fui treinada até... até a exaustão. Não, isso não deveria acontecer, não estava previsto.

— Eu sei. Você provavelmente passaria por um período de adaptação enquanto meu corpo se recuperasse dos ferimentos. Por falar nisso, acho que não há muito tempo. Meu corpo deve estar definhando, pois nós duas temos dividido sua essência.

— Você está prejudicando o projeto.

— Eu quero tomar outro rumo.

— Não tem esse direito.

— E vocês não têm o direito de manipular minha vida.

— Isso foi decidido em conjunto e com seu consentimento, inclusive.

— Mas eu não sentia o que sinto hoje. Foi por essa razão que a trouxe até aqui, para você ver que o impacto das emoções sobre nós é muito maior do que imaginávamos. Você não sente, Blue?

Sim, ela sentia, e de fato era maravilhoso. Em termos terrenos, a sensação de viver as emoções era perigosamente excitante, quase um vício, como uma espécie de droga. Mas Blue fora treinada muito mais do que Júlia, pois se, na continuidade do projeto, cedesse às emoções humanas, tudo estaria perdido. Recuperou-se rapidamente.

— O que você quer, afinal?

— Eu quero continuar minha vida na Terra. Não quero mais saber dessa pesquisa.

— Impossível.

Blue percebeu que estava em uma realidade criada por Júlia. Recuperando a lucidez, lembrou-se de que também tinha o poder de criar realidades.

Uma grande escuridão foi tomando conta do cenário, como se um imenso pincel enchesse o local de tinta escura. Ao ver sua paisagem desaparecer, Júlia respirou fundo:

— Parece que minha tentativa foi inútil, não é, Blue?

Júlia concentrou-se e novamente desejou a paisagem. Pensou que aquele lugar era muito agradável e com isso gerou uma onda de emoções que se materializaram novamente em imagens. Ela sabia lidar com aquilo melhor do que Blue.

Júlia estava prejudicando o projeto. Uma freqüência desconhecida tomou conta de Blue. Pela primeira vez, naquela existência, ela sentia raiva. Olhava fixamente para Júlia e sentia uma raiva imensa. A outra prejudicava o que muitos, inclusive ela própria, haviam projetado e estavam arduamente empenhados em realizar. Notou que podia fazer alguma coisa naquela realidade criada. Podia usar as mãos para agarrar Júlia. Num ímpeto de furor, assim fez. Agarrou o pescoço de Júlia, que não teve tempo de desviar-se, embora percebesse, instantes antes, o que Blue faria, pois ambas compartilhavam pensamentos e sentimentos. Resolveu medir a intensidade da raiva de Blue.

Uma onda escura tomou conta das duas consciências.

Na UTI do hospital em que Júlia fora internada, os instrumentos mostravam que ela estava no fim.

— Vamos perdê-la.

Uma parada cardíaca. O médico de plantão iniciou os procedimentos necessários para ressuscitá-la.

Uma enfermeira fechou as cortinas em volta de sua cama.

O Professor observava a redução gradativa da energia vital do corpo de Júlia, que estava dividida entre as duas consciências.

Um aluno informou aquilo que o Professor já sabia:

— Se não fizermos alguma coisa imediatamente, perderemos o corpo físico.

O Professor analisou as condições em que ambas se encontravam naquele momento e percebeu a gravidade da situação. Não apenas o projeto estava ameaçado como também as duas consciências poderiam sofrer traumas praticamente irreversíveis. Dentro de mais alguns instantes, Júlia e Blue poriam tudo a perder, inclusive a própria existência. "As duas não se entendem", pensou.

A equipe emitiu vibrações de incompreensão. O Professor parecia saber alguma coisa que eles desconheciam.

Em outro lugar, Júlia e Blue lutavam, agarrando-se como se fossem colegiais. Blue, racional durante toda uma existência, não entendia o que estava acontecendo nem queria abrir mão da raiva, queria apenas continuar a agredir Júlia violentamente por todas as dificuldades que causara não apenas a ela como também a toda a equipe.

Júlia finalmente conseguiu desvencilhar-se de Blue visualizando um feixe de luz que se interpôs entre as duas. Em seguida, provocou:

— Onde está aquela minha amiga tão dona da razão?

— Você não é minha amiga!

— Controle-se.

Blue percebeu que estava desperdiçando energia. Conteve-se. Júlia continuou:

— Acho que você não tem saída. Se eu não concordar, a energia vital do corpo físico não lhe será passada.

— O Professor dará um jeito.

— Não dará. Você não entende? É como se essa energia vital estivesse num cofre cuja chave apenas eu possuo.

— Ela tem razão.

Blue e Júlia ouviram uma voz próxima. Um homem de meia-idade caminhava descalço pela grama. Parecia tranqüilo e sereno.

— O que você está tramando agora, Júlia? — perguntou Blue, desconfiada.

— Nada. — respondeu a outra. — Ele não é criação minha.

O homem continuou a caminhar na direção das duas.

— Acho que já tenho experiência suficiente para entrar na realidade dos outros, não tenho?

Júlia compreendeu num relance o que estava acontecendo.

— Professor!

Ele chegou junto de ambas.

— Uma bela realidade, Júlia, parabéns! — Ele respirou fundo e continuou:

— Eu esqueci como é bom respirar. Existem coisas que nossa raça não deveria ter perdido... — o Professor curvou-se e sentiu a grama — assim como muitas outras.

Blue estava atônita.

— Mas como...

Ele a interrompeu:

— Acho que não temos tempo para discutir minhas habilidades. Há um problema sério a resolver. O corpo físico está perdendo energia vital. No momento, está dividido entre vocês duas e, como é evidente, ambas tendem mais para a discórdia do que para a harmonia. Isso enfraquece ainda mais aquele corpo, que já está bastante debilitado.

— Professor, ela quer estragar o projeto.

— Na verdade, eu só quero tocar minha vida.

O Professor interveio novamente:

— Isso já foi discutido várias vezes. — Respirou profundamente, demonstrando entender a posição de Júlia. Naquela importante pesquisa de seu planeta, era o representante de toda uma nação e, mesmo que agora não concordasse com algum detalhe preestabelecido, não tinha argumentos suficientes que comprovassem o que apenas começava a se delinear como possibilidade impensável.

— Júlia, você causou grande confusão na equipe. Muitos dos pesquisadores estão pensando em uma retaliação contra seus atos. Para sua sorte, a continuidade do projeto está em suas mãos.

Ele olhou por um momento as montanhas distantes e prosseguiu:

— Você pregou uma peça em todos nós com sua reviravolta! Nenhum de nós conseguiu prever o que poderia ocorrer. Não com você.

Júlia sentiu-se um pouco envergonhada. Recebera, muitas vezes, experiências e ensinamentos daquela consciência que todos chamavam de Professor. Tinha imenso respeito por ele. Intimidada, baixou os olhos.

— Na verdade, Júlia, eu já havia previsto que algo estranho ao projeto poderia ocorrer. Afinal, por mais que a conhecêssemos, por mais que estudássemos um exaustivo leque de variáveis suas, lá no fundo eu sabia ser impossível obter previsões exatas de tudo. Não é possível prever a totalidade de uma experiência. Nós nos esquecemos da enorme possibilidade da ocorrência do elemento-surpresa em toda e qualquer situação. Existem tantos fatores correlacionados aos eventos que vivenciamos que dificilmente teremos controle e conhecimento de todas as vertentes prováveis, por mais lúcidos que sejamos!

Júlia levantou os olhos, e o Professor voltou-se, com um sorriso, para ela:

— Eu já imaginava que você, no decorrer de suas experiências de vida terrena, pudesse inclusive conduzir seu processo final no planeta por esse caminho.

Blue e Júlia fitaram o Professor, perplexas.

— Em minha opinião, Júlia, sua mudança de rumo é muito benéfica para a pesquisa.

— Mas, Professor, todos os rumos preestabelecidos foram mudados!

— Minha aluna, Júlia chama você de Blue, não é? Pois eu a chamarei assim também. Nossa raça precisa aprender a lidar com a inconstância. A adversidade pode ser um grande mestre quando a encaramos do modo correto. Mas quem sou eu para mudar o pensamento de todo um povo? Aprendemos que os padrões são necessários, mas talvez tenhamos passado do limite e agora precisamos decidir o que fazer. Júlia, pelo que entendi, você não quer abandonar sua vida.

— Não — confirmou ela, categórica. Blue complementou:

— Eu avisei que isso não seria possível.

O Professor refletiu por um instante.

— E nós não queremos abortar a pesquisa. — Respirou fundo e completou: — Então vão as duas.

— O quê? — Blue quase gritou.

— Isso mesmo, as duas consciências ocuparão o mesmo corpo.

— Isso não é possível — disse Júlia.

— É nossa única saída. Júlia continuará com seu corpo e Blue a acompanhará e depois nos relatará tudo.

As duas ficaram mudas.

— Do contrário, o corpo se perderá e, com ele, terá fim toda e qualquer possibilidade de continuar a pesquisa e sua vida, Júlia, pelo menos naquele corpo. Decidam, mas decidam logo.

Blue não conseguiu conter-se:

— Mas e as decisões? Os atos? Com quem ficará a consciência do corpo?

O Professor sorriu novamente:

— As duas terão de entrar em constante acordo ou nada será bem-feito.

O Professor notou a contrariedade de Blue e explicou:

— Blue, eu sei que planejamos tudo no início da pesquisa, mas, como pode perceber, as situações mudaram. Cabe a nós ser flexíveis em nome da sobrevivência do projeto e de todo o esforço nele investido.

Blue pareceu resignar-se. Mas como fariam aquilo? Como conseguiriam sem nenhum treinamento específico?

Júlia respirou fundo. Os três sabiam que as conseqüências dessa escolha seriam inimagináveis, e somente concordando com a proposta poderiam comprová-la para ter referências do desenvolvimento daquela nova situação.

Voltou-se para os dois:

— Eu não aceito.

Nesse momento, como se isso tivesse sido programado, Júlia e Blue começaram a perder o brilho da projeção de seus corpos naquela realidade, começaram a desaparecer. Júlia se sentia fraca, quase desfalecida. Usando os últimos lampejos de energia, viu que Blue também estava esgotada. O Professor, tentando amparar as duas, disse, preocupado:

— Talvez não tenhamos mais tempo para nada.

28

No hospital, o plantonista fazia as últimas tentativas de ressuscitar Júlia. Parecia não haver reação alguma. Duas enfermeiras acompanhavam todo o esforço.

O médico, um jovem recém-formado, já admitira a hipótese de desistir e interromper o procedimento. Mas parecia ter, de repente, perdido o controle sobre seus atos. Continuava, naqueles poucos segundos, a fazer massagem cardíaca após esgotar todos os outros recursos. As chances eram mínimas. Mesmo assim, continuou tentando. Julgou por um instante que as enfermeiras talvez estranhassem aquela insistência, mas mesmo assim prosseguiu em seu trabalho.

Um dos alunos do Professor tivera a idéia de influenciar o médico para que ele não interrompesse o procedimento antes do tempo. Era a única coisa que podiam fazer. Quando o médico já pensava em registrar o óbito, recebeu uma carga de energia que o fez recordar sua responsabilidade. Ele era o único que poderia manter vivo aquele corpo. Não estava sendo negligente, mas sabia que a paciente ficara muito debilitada devido ao acidente e suas chances eram mínimas. Após a parada cardíaca, ele cumpriu todos os procedimentos e estava na hora de interromper o processo. Mas aquela onda, aquela sensação de que "podia fazer mais alguma coisa", tomou inteiramente conta dele e não conseguia parar.

No outro plano, as imagens de Júlia e de Blue começaram a desintegrar-se, desfazendo-se como se fossem de areia. Ao mesmo tempo, todo o cenário que as rodeava também desaparecia. Tudo estava ficando escuro, neutro, sem vida. O Professor notou que a luz que ligava as duas também se dissolvia. O facho de luz que vinha do alto se apagava. Ele sabia que, mesmo em um universo que não era sujeito às leis do tempo, algumas coisas estavam interligadas. O corpo de Júlia, no plano físico, não conseguia resistir mais, principalmente devido ao desgaste causado pelo atrito entre Júlia e Blue para resolver aquela questão.

Os alunos do Professor continuavam seu trabalho com o médico e observavam os últimos resquícios de energia daquele corpo físico. Tinham plena consciência de que a segunda parte da pesquisa estava comprometida. Se o Professor, que conversava com ambas em outro plano, não conseguisse resolver a situação, eles nada poderiam fazer.

Blue, imobilizada, percebia que todo o seu treinamento não fora suficiente para torná-la capaz de resistir à carga emocional que experimentava. Isso acontecia, em grande parte, porque as atitudes de Júlia não tinham sido previstas. Todos acreditavam que, no momento em que ela retornasse aos seus, tomaria consciência da amplitude e do peso do projeto, transferindo o cargo para Blue sem resistência alguma. Isso, porém, não ocorrera, Júlia se revoltara e pusera a perder todo o projeto. Essa possibilidade definitivamente não fora prevista.

O Professor passou por um momento de inquietação, mas em seguida observou Júlia e se acalmou. Se não estivesse desfalecida de cansaço, Júlia notaria que ele estava "à espera".

Essa espera durou pouco. Uma bola de luz surgiu aparentemente do nada. A princípio pequena, expandiu-se com rapidez, expulsando a escuridão com seu brilho.

Júlia não precisou de muito tempo para perceber que André estava por perto.

Blue, que compartilhava os sentimentos de Júlia, notou que uma força emergia de seu ser. Essa força, evidentemente, tomou conta das duas. Além disso, Blue notou uma alegria imensa no próprio íntimo. Reconheceu André como o fruto de uma das experiências mais frustrantes de sua raça, aquele ser que quase pôs toda a primeira parte da pesquisa a perder. Enfim, aquela espécie de aberração fazia nascer dentro dela um imenso calor. "O que está acontecendo?", pensou, já um pouco mais revigorada.

André aproximou-se de Júlia, caída em meio ao nada, e ofereceu sua força:

— Oi, Júlia.

— Oi, André.

Ele sorria.

— Meu corpo pode estar em coma, mas está inteirinho, o seu, porém...

Júlia riu. O riso deixou-a mais forte. Blue riu também sem saber direito por que fazia isso. Aliás, era a primeira vez que ria em muito tempo.

André voltou-se para o Professor e fez um aceno de cabeça:

— Professor.

— André.

Blue pareceu tomar um choque. O que significava aquilo? Os dois se conheciam? Mantinham contato? O Professor e aquele tipo? Como se tivesse ouvido as perguntas de Blue, o Professor dirigiu-se a ela:

— Há muito tempo nós mantemos contato.

Ele achou que aquele não era o melhor momento para entrar em detalhes. Como pesquisador, não poderia desperdiçar a comunicação com um tipo de consciência tão raro quanto André. O Professor, por sua vez, não sabia ao certo, mas percebia que entre ambos havia algum tipo de afinidade, sabia também que seu povo jamais entenderia qualquer contato que mantivesse com André. Na verdade, nem ele compreendia bem, mas sentia-se fascinado por aquela personalidade. Uma consciência gerada por uma mulher de seu povo que (como Júlia tentara) se "desgarrara" do projeto. O Professor sentia uma necessidade ilógica de manter contato com André e com as várias lâminas de realidade em que ele lucidamente coexistia. Uma parte da consciência de seu corpo, em coma na Terra, estava ali. Esse aspecto da consciência de André mantinha encontros regulares com o Professor, e ambos conversavam sobre os mais diversos temas.

Havia alguns inconvenientes nesse processo. Cada membro da raça de Blue e do Professor compartilhava os pensamentos emanados por todos. Foi, por isso, necessário que ambos elaborassem uma manobra criativa específica para que as lembranças desses encontros ficassem arquivadas numa parte do pensamento envolta por um campo energético tão sutil que nenhuma outra consciência, por mais afinidade que tivesse com eles, fosse capaz de "ver" qualquer coisa que provocasse suspeitas. No final dos encontros, essa parte da memória do Professor tornava-se inacessível até para ele próprio. Quando se encontravam, todas as lembranças voltavam à tona e ele recordava os encontros, as conversas e as revelações. Ficara combinado que André seria o responsável pela ativação das lembranças do Professor. Esse fato já seria suficiente para denotar a existência de confiança entre os dois.

As conversas geralmente ocorriam graças à correlação entre as intenções que André e o Professor tinham de encontrar-se com regularidade. O Professor enviava um padrão que se traduzia como desejo de reencontrar André quando era "surpreendentemente" acometido por uma sensação de inexplicável nostalgia. Nesse momento, a vontade de ambos se harmonizava na mesma sintonia e André criava todo um ambiente favorável para recebê-lo. O Professor então respondia ao chamado lúcido de André sem saber ao certo por que procedia dessa maneira.

Naquele instante, André, que a tudo observava, entrou em sintonia com o Professor e foi imediatamente ao seu encontro e ao encontro de Júlia.

A energia das duas começava novamente a esvair-se. O Professor continuou:

— Creio que você pode fazer alguma coisa, não, André?

— Depende delas.

André voltou-se para Júlia e Blue:

— O corpo físico está fraco. Vocês precisam entrar em sintonia, de fato, se quiserem reviver naquele plano. Mesmo que concordem com a idéia de fundir as consciências, precisam urgentemente vivenciar o que vocês são. Precisam entrar em harmonia com seus sentimentos.

Era difícil. Blue sentia uma profunda aversão por Júlia devido aos últimos acontecimentos e também devido à falta de força de vontade dela, conforme presumia, com relação ao projeto que assumira. Júlia, por sua vez, não acreditava que os demais membros de sua raça fossem capazes de lidar com o universo das emoções e, por essa razão, receava compartilhar o próprio corpo com a consciência de Blue e receava também perder sua essência e tudo o que aprendera no mundo terreno.

Três minutos de parada cardíaca. As duas enfermeiras acompanhavam as últimas tentativas do médico, que ainda aplicava massagens no peito já machucado de Júlia. Uma delas, vendo todo aquele esforço, trocou um olhar com a colega e, preocupada, dirigiu-se ao médico, pousou a mão em seu ombro e arriscou:

— Doutor, o senhor já fez o possível.

O médico pareceu sair de um transe, como se uma força descomunal tivesse acabado de abandoná-lo.

— Eu... sim, acho que sim.

André percebeu que as duas mantinham um canal de comunicação em conflito. Uma luz escura emanava de ambas as consciências. Resolveu abrir um canal diferente de comunicação. Fechou os olhos e estendeu um braço na direção de Júlia, enviando uma luz branca que atingiu em cheio o corpo dela. A jovem se deixou envolver pelo raio, e dessa comunicação surgiram lembranças dos poucos e intensos momentos vividos por ambos. André estendeu o outro braço para Blue e fez o mesmo. Uma emanação de luz tomou conta dela, que, por sua vez, compartilhou com ele todos os momentos da pesquisa. Uma pesquisa planejada havia muito. Blue tinha uma sede enorme de conhecimento tanto para si própria quanto para sua raça. Acreditava na evolução como o caminho mais saudável para os seus. Esses e outros pensamentos "bons" foram lembrados e potencializados enquanto ela os compartilhava com André.

"Ele é realmente uma consciência incrível", pensou o Professor, que observava com muito interesse a forma como André captava os pensamentos que contribuiriam com a comunhão das duas consciências conflitantes, que necessitavam habitar o mesmo corpo físico.

André, que recebia emanações de ambas, juntou os dois braços e, assim fazendo, uniu também os dois canais de comunicação. Os pensamentos eram diferentes, mas ambos estavam na mesma sintonia positiva de compartilhamento e de total ausência de egoísmo e, por essa razão, tornaram-se um só.

Júlia recebeu os pensamentos de Blue e, graças a André, estava apta a compreender a força de vontade de toda uma equipe para beneficiar sua raça com importantes informações. Isso era válido, ainda que ela não concordasse inteiramente com os meios empregados. Talvez, se Blue convivesse com as emoções da raça humana e compartilhasse as constantes influências sofridas durante a vida terrena, ela mesma pudesse convencer os seus da existência de um novo universo para habitar. Uma luz intensa tomou conta da consciência de Júlia.

E Blue compreendeu, quem sabe pela primeira vez, o impacto que as emoções podem causar sobre a consciência. Se era tão difícil para ela, imagine-se para Júlia, que praticamente tivera de compactar toda a imensidão de sua consciência em pequenas células no momento do nascimento. Sentiu o conflito pelo qual Júlia passara durante todo o tempo de vida terrestre e entendeu suas atitudes. Apesar de todo o treino e de toda a preparação, vários fatores imprevistos poderiam influenciar o andamento do projeto. Por mais que Blue relutasse em aceitar esses fatos (acreditava na lógica e na previsibilidade das situações), ela sabia que isso era possível, pois acontecera com Júlia. Esta, por sua vez, lembrou-se da ocasião da escolha de ambas para participar do projeto, quando planejaram e treinaram juntas durante muito tempo para que todas as metas fossem bem-sucedidas.

Blue, enquanto isso, recordou os tempos em que Júlia era criança na Terra, quando a acompanhava e sempre se admirava da inteligência que ela demonstrava com a qualidade de seus pensamentos. Sabia que os pensamentos eram comumente influenciados pelas emoções que habitavam a memória corporal daquela raça e também pelos sentimentos que a cultura da época impunha às pessoas. Admirava-se por ver como Júlia lidava com esses fatores. Espantava-se ainda com a coragem da amiga por executar, desde a infância, o projeto naquelas condições. Tudo era muito arriscado, principalmente a possibilidade, ainda que remota, do esquecimento total e da perda de referências de sua identidade verdadeira. Lembrou-se do momento da separação, no início do experimento, quando Júlia se conectou ao que seria seu corpo físico.

Não tinha consciência disso na época, mas, de acordo com o que sentia naquele instante, sabia que Júlia era sua amiga.

O Professor notou que a luz escura que ligava as duas pouco a pouco se dissipou. Agora permanecia apenas uma luz clara e suave mantida por pensamentos de harmonia que as ligavam de modo totalmente diverso. André compartilhava todos os pensamentos gerados naquele breve instante. Pela intensidade de seu esforço, notou que ficara completamente exausto, mas uma aura de satisfação por ter conseguido seu intento tomava conta de seu semblante. Percebeu também que a luz que ligava ambas ao corpo físico continuava fraca, mas era constante agora.

Em seguida, André observou que Blue e Júlia olhavam-se com ternura. Sorriam, na verdade. As duas enfim se entendiam. Ele disse com voz calma:

— Agora devo deixar vocês com seus pensamentos. Se mantiverem essa sintonia, pelo menos por alguns instantes, creio que teremos energia suficiente para reviver o corpo físico.

Ambas olharam para André e compreenderam. Sabiam de sua responsabilidade e de suas necessidades e, portanto, concordaram.

André, recebendo essa informação como resposta, afastou-se um pouco e criou, com as luzes das duas, um ângulo cada vez mais fechado, como se, com isso, quisesse protegê-las com um novo campo de força. Antes de partir, porém, conseguiu dizer:

— Estou louco para ver o que vocês serão capazes de fazer juntas!

Blue estranhou essas palavras e Júlia sorriu. André então cerrou os olhos e fechou os braços, desprendendo-se da energia das duas. A luz existente entre ambas intensificou-se e, expandindo-se devido ao desdobramento da ação iniciada por André, envolveu-as completamente. Logo após, elas perderam os próprios contornos, transformando-se em dois imensos círculos de energia. Essa energia passou pelo cone de luz que as ligava ao corpo físico, aumentando a aura que o cercava. Em determinado momento, as energias de Júlia e de Blue, fundidas numa só força, foram "arremessadas" para o espaço aparentemente vazio de onde vinha o cone de luz que as conectava ao corpo. Por um instante, foi como se tudo tivesse desaparecido por completo.

Atingidos por uma espécie de explosão, tamanha a força gerada, o Professor e André foram lançados para trás no momento de máxima emanação dessa expansão luminosa. Isso ocorreu com ambos porque, naquela circunstância, haviam desejado que sua aparência se assemelhasse aos corpos terrestres.

Um silêncio profundo tomou conta de todo o ambiente.

No hospital, uma das enfermeiras já começara a preencher o formulário de óbito e esperava a descrição do médico:

— Pode anotar o horário do óbito — dez e meia da noite por parada cardíaca. Parada cardíaca...

O médico pareceu entrar em novo transe. Curvou-se instintivamente sobre o rosto de Júlia e abriu seus olhos.

A enfermeira pensou que o médico tivesse enlouquecido de vez quando percebeu que ele recomeçava a aplicar massagem cardíaca no "cadáver". Parecia um autômato até perceber a insegurança da enfermeira. Com um grito, pediu a voltagem que julgava necessária para o equipamento de ressuscitação.

Ao sentir a intensidade do grito do médico, a enfermeira largou o formulário e foi logo preparar o aparelho. Com violência, ele arrancou os dois bastões das mãos dela, colocou-os no peito de Júlia e disparou a carga. O corpo sacudiu-se todo, o som do aparelho que monitorava os batimentos cardíacos emitiu, por alguns segundos, um bipe característico, mas em seguida voltou a produzir um som constante e agudo.

O médico exigiu uma carga maior.

— Mas doutor...

Mais um grito. A enfermeira, assustada, ajustou a carga. Outro médico foi chamado pela segunda enfermeira. "O doutor está louco", disse ela ao telefone. O médico chamado se aproximou.

"Você só tem esta chance, querida", pensou o médico. Ele mesmo estava admirado com seus atos, mas alguma coisa lhe dizia que aquela paciente, aquela mulher, ainda tinha uma chance.

— Doutor! O que está acontecendo? — perguntou o outro médico, que chegava.

— Afastem-se — ordenou o primeiro, despejando uma nova carga elétrica no corpo de Júlia.

O coração, inesperadamente, reagiu. O som que representava o ritmo da vida voltou ao aparelho. O médico estava tonto e ainda mantinha nas mãos o equipamento com o qual acabara de salvar a vida de Júlia.

— Eu assumo — disse o segundo médico, pegando o aparelho das mãos do jovem. Sente-se ali.

O médico mais velho deu uma série de ordens às enfermeiras enquanto o mais jovem se sentava numa cadeira próxima, atento ao som que marcava a vida nas batidas já regulares do coração de Júlia.

O Professor levantou-se no vazio e auxiliou André, que estava cansado mas satisfeito. O rapaz voltou-se para ele:

— Será que conseguirão?

— Saberemos em breve.

— Foi um prazer compartilhar esta experiência com o senhor.

— O prazer foi meu, se é que me lembro ainda do que seja "prazer".

— Está se saindo muito bem. Bom, acho que senhor precisa voltar para os seus. Devem estar ansiosos por informações.

— Creio que sim. Mas, antes, que tal um café?

— Ótima idéia!

Um simpático bistrô às margens de um rio que cortava uma bela cidade da Europa do século XIX materializou-se imediatamente. Ambos vestiam roupas da época quando um simpático garçom veio anotar os pedidos.

André olhou para o garçom:

— Dois cafés, por favor.

Respiraram fundo e sentiram a brisa vinda do rio.

Um rio especial, gerado por duas consciências felizes...

29

Continuaremos a chamar nossa heroína de Júlia, embora saibamos agora que existem nela duas entidades. Qual de nós, na verdade, escapa ao eterno conflito de ser formado por várias identidades que buscam sobrepor-se umas às outras conforme as circunstâncias?

As duas consciências acomodaram-se naquele corpo físico, que se encontrava adormecido. De agora em diante, Júlia se lembraria de tudo e não mais ficaria limitada a eventuais lampejos de memória de suas vidas em outros planos.

Dor foi a primeira sensação que tiveram. Uma dor enorme causada pelo acidente. Por isso, e por causa do grande número de sedativos, permaneciam fora do corpo. Seria interessante notar que o corpo físico, quando vinculado energeticamente à consciência, faz parte do mesmo aspecto da consciência encarnada, ou seja, ambos formam uma só unidade que pode ser novamente dissociada pela aplicação de qualquer tipo de anestesia, inclusive drogas e medicamentos. Nesse estado, as duas tinham ciência da individualidade de cada uma, e o corpo certamente se recuperaria. No momento, ele estava desacordado, e ambas tinham a opção de "escapar" desse tempo para despertar apenas após o restabelecimento do corpo. Como estavam totalmente lúcidas, de posse de todas as lembranças de conhecimentos adquiridos em seu planeta de origem, sabiam poder realizar algumas incursões no tempo e nas criações de realidade da Terra. Essa manipulação de tempo-espaço seria viável se, logicamente, o Professor e sua equipe entendessem que haveria utilidade para a pesquisa. Júlia sentia-se como em uma piscina cheia de água onde podia respirar. Dentro dessa piscina, encontrava-se com Blue, que ficava pairando na água. Conversavam não por meio de simples palavras, e sim de blocos de informação.

"Vamos iniciar o processo e atravessar este tempo!", avisou Blue.

"Alguma coisa me diz que é melhor não. Este tempo é necessário", argumentou Júlia.

"O que é alguma coisa?"

"Para você, são informações que não sabemos como foram processadas."

"São irrelevantes. Vamos dar início à coleta de dados!"

Blue tentou e teve uma sensação horrível. Por um instante, viu-se em uma cama de hospital, e havia algumas pessoas em sua volta. Abriu os olhos e sentiu imediatamente uma enorme falta de ar, como se seus pulmões não tivessem força para respirar. Uma grande confusão e um profundo desespero tomaram conta dela. A confusão se devia ao fato de que não conseguia raciocinar direito sobre as causas do que estava acontecendo, como se o cérebro também não tivesse energia suficiente para receber e processar informações. Ao mesmo tempo, tomou contato direto com o corpo, que embora fora de perigo ainda sofria as dores do acidente.

A sensação durou alguns momentos. Blue perdeu a consciência e o corpo não resistiu. Seria o que chamamos de morte.

Ela foi sugada imediatamente para a "piscina". Uma náusea tomou conta de sua consciência. Estava muito fraca. Júlia também.

"O que aconteceu?", conseguiu perguntar, devastada.

"Acho que matamos o corpo em uma das lâminas de realidade da Terra."

Perceberam, a duras penas, que só poderiam contribuir com a recuperação daquele corpo quando de fato estivessem de comum acordo. Foram momentos delicados em todos os sentidos. Aprenderam, da pior forma, que haviam excluído uma possibilidade de manifestação por causa de mais uma forte dissonância entre ambas.

Exaustas, caíram numa profunda inconsciência que, se fosse medida por nosso tempo, poderia ter durado centenas de anos.

Após essa experiência, ambas adotaram uma postura mais adequada à situação. Não tentariam retornar ao corpo sem estar em concordância absoluta e única.

Devido ao fato de Júlia não concordar com o recurso de "fuga" do tempo num plano diferente do nosso, voltando apenas após a recuperação do corpo físico, ambas, por incrível que pareça, passaram por um período de tédio interminável enquanto aguardavam o momento mais adequado para voltar a ocupar a forma terrena.

Na Terra, o pai de Júlia pegou o primeiro avião e voltou para junto da filha. Sua esposa não pôde acompanhá-lo. Estava ocupada com um novo desfile pelo qual seria responsável como estilista. Prometeu, porém, que telefonaria de hora em hora para saber notícias da saúde da enteada.

O filho de Júlia também voltava para casa apesar do conflito que sentia, dividido entre a raiva e a preocupação com a mãe. Raiva por ter sido obrigado a interromper o curso que freqüentava, que lhe permitia conhecer uma nova cultura, novos amigos e principalmente novas emoções. Quanto à preocupação, era a primeira vez que temia pela vida da mãe.

Júlia, ou melhor, sua forma física inconsciente, foi levada para um hospital de maiores recursos, na capital, após a autorização do ex-marido. Sim, Ronaldo saiu dos lençóis da cama de sua enfermeira e entrou em contato com o pai de Júlia, pedindo autorização para levá-la a um hospital melhor. Afinal, era sua ex-esposa e mãe de seu único filho. Segundo informações dos médicos, as condições que atravessava eram extremamente delicadas.

Ronaldo já se encontrava no hospital da capital quando Júlia chegou numa ambulância, acompanhada por Dalva e por sua inseparável amiga Ruth.

O tédio também era uma sensação desconhecida para Blue, e o fato de não poder manifestar-se por meio de nenhuma ação a incomodava profundamente.

“Poderíamos, pelo menos, acompanhar os procedimentos dos seres humanos em volta do corpo físico”, protestou, aborrecida.

“Não me interessa ver o sofrimento de meus entes queridos.”

Blue controlou-se para não ter outro acesso de raiva, pois isso com certeza enfraqueceria o corpo que em breve ocuparia também.

“Mas o que podemos fazer então?”

Júlia pensou por um instante. O tédio também a afetava. Tomou uma decisão.

“Podemos fazer uma caminhada”, sugeriu.

“Caminhada?”, estranhou Blue.

Ronaldo esperou seu filho, Rodrigo, chegar ao saguão de desembarque do aeroporto. Ao seu lado estava Dalva, que, enquanto os pais viveram juntos, cuidara dele com muito afeto. O rapaz trazia uma expressão assustada e queria muito correr para os braços do pai, mas, como a maioria dos adolescentes, evitava demonstrar fraqueza. Mesmo assim, ao aproximar-se, perguntou com voz embargada:

— Que história é essa de minha mãe saltar de pára-quedas?

Ronaldo não soube o que responder. Havia já algum tempo que se desligara de Júlia e não sabia que ela adotara a prática desse esporte, muito menos que teria a ousadia de saltar, embora esses repentes fossem típicos dela. Não conseguiu dizer ao filho, porém, que em seu entender a mãe, agora à beira da morte, era louca. Não foi preciso, pois o rapaz emendou uma frase que cortou seu coração:

— Por que você permitiu?

Antes que pudesse responder, Rodrigo afastou-se dele e caiu nos braços de Dalva, chorando de maneira quase incontrolável.

Muito, muito longe dali, Blue e Júlia caminhavam por uma estrada de terra. Ao longo do caminho havia grande número de árvores, e o percurso era repleto de subidas e descidas. Às vezes avistava-se uma paisagem maravilhosa, cheia de cachoeiras e animais silvestres, mas outras vezes a mata ficava tão densa que encobria o céu, desenhando no solo generosas sombras.

As duas já caminhavam havia algumas horas.

— Foi uma boa idéia, não foi?

Júlia criara aquele ambiente natural que tanto amava, embora, por um motivo ou por outro, raramente pudesse desfrutá-lo. Havia muito desejava fazer uma caminhada longa, uma peregrinação de verdade. Andar por uma estrada de terra entre as árvores, encontrando, ao longo do caminho, lugarejos rústicos povoados por antigos moradores. Blue não parecia apreciar muito aquilo tudo, mas era melhor do que ficar inativa. O cansaço físico não era uma sensação familiar para ela, mas Júlia, em sua criação, cuidou para que todos os detalhes surgissem, inclusive as sensações corporais de cansaço muscular. Providenciou também a possibilidade de as duas conversarem em diálogo, naturalmente, e não em "blocos de informação". Tudo era o mais semelhante possível à realidade terrena.

— Júlia — disse Blue, ofegante —, acho que você está muito "contaminada" pela natureza deste planeta. Talvez essa tenha sido a razão do fracasso da segunda parte da missão.

Júlia não se ressentiu. Sabia que Blue via a situação de maneira diferente. Tudo bem, teria o resto da vida para convencer sua parceira. Ambas ainda não conheciam os efeitos da fusão de duas consciências em um só corpo, mas Júlia acreditava que aquela seria uma experiência no mínimo fantástica.

Por fim chegaram a um pequeno vilarejo. Na verdade, a rua principal era uma continuação natural da estrada. Fora feita de pedras antigas, e aparentemente nenhum carro passava por ali havia anos.

— Sua criação é muito boa, Júlia.

— Você sabe que, quando determinamos uma criação, ela ganha vida própria e sofre a influência de outras criações. Neste lugar, eu já não sei o que é originário de mim nem o que existe por influência de outras consciências que têm afinidade com meus estilos criativos atuais.

Uma senhora varria a calçada, um pouco mais elevada que a rua para que os ocupantes de charretes apeassem com maior conforto. Ao vê-las, interrompeu sua tarefa, apoiou-se na vassoura e ficou olhando as duas. Um sorriso distendeu seus lábios, e ela aguardou uma saudação.

Blue continuou impassível, mas Júlia fez questão de cumprimentar a "desconhecida", recebendo em troca um sorriso ainda maior.

— Bom dia.

— Bom dia. Hoje está quente, não é? — emendou a senhora, que parecia disposta a conversar.

"Por que não?", pensou Júlia.

— Ainda bem que sopra um ventinho para refrescar.

Blue continuava de cara fechada.

— Vocês parecem cansadas. Parem um pouco para tomar água.

— Obrigada.

Júlia subiu para a calçada, mas Blue permaneceu na rua sem saber o que fazer. A mulher entrou na casa para pegar água. Era uma casa muito simples, de paredes caiadas.

— Venha, Blue.

— Isso é ridículo e desnecessário. Eu não vou interagir com uma forma de pensamento de sua criação.

— Você é quem sabe, mas acho que essa criação não é minha.

A senhora voltou com uma jarra. Dentro havia suco de laranja.

— Acho que suco de laranja é melhor. Acabei de colher algumas.

Ofereceu uma caneca a Júlia e encheu-a de suco. Em seguida, ofereceu outra caneca a Blue, que ainda permanecia na rua, parada, observando o lugarejo.

— Não quer, minha filha?

Blue voltou o rosto e olhou para aquela "criação". Não podia deixar de se envolver naquilo. Seria mesmo coisa de Júlia? Olhou para a amiga, que bebia o suco com uma expressão maravilhosa. O fato era que Blue sentia sede, muita sede, mas não queria render-se a uma "sensação". Sabia que tudo aquilo, inclusive as sensações, era fruto de algumas mentes muito férteis. De qualquer modo, naquela realidade, a sede a castigava.

"Por que não?", pensou.

Sem dizer nada, estendeu a mão. A mulher entregou-lhe a caneca e em seguida despejou nela a bebida amarela, quase dourada.

Blue ingeriu o suco, e foi como se uma dor lancinante cessasse de repente, dando lugar a um imenso prazer. Bebeu todo o suco, em grandes goles, e ficou olhando aquela criatura.

"O plano da Terra também tem coisas boas a oferecer", refletiu, mas tratou de afastar logo esse pensamento. Não podia deixar-se envolver, menos ainda na criação de uma mente aprisionada, com certeza, pelas emoções. Ela, no entanto, queria mais. Sentiu que não podia exigir que a mulher pusesse mais bebida em sua caneca. Teria de jogar conforme as regras:

— Obrigada. Um pouco mais, por favor.

— Com prazer!

"Até que é fácil", pensou Blue.

— Minha casa é um pouco quente a esta hora da tarde, mas vocês podem tomar o restante do suco debaixo daquela árvore. A sombra é muito agradável.

— Obrigada — disse Júlia. A senhora entregou-lhe a jarra e ambas caminharam na direção da árvore, que tinha grandes raízes expostas e uma copa frondosa. Júlia sentou-se primeiro e Blue, meio sem jeito, imitou-a. Respirou fundo e percebeu que era muito bom relaxar.

Júlia notou o prazer que Blue sentia ao tomar um pouco mais de suco e resolveu brincar com ela:

— Para uma criação artificial, até que sua expressão é muito prazerosa.

Blue irritou-se com o comentário e resolveu alfinetá-la em resposta:

— Você é fraca. Contaminou-se com os prazeres terrenos, esquecendo-se por completo de sua origem. Esqueceu nossa raça, nossos costumes saudáveis. Esqueceu também todo o mal que as emoções causaram a nosso povo. Esqueceu como os antigos ficaram vulneráveis. Esqueceu tudo aquilo que quase nos levou à destruição. E agora quer retomar esse caminho?

Era inútil discutir. Blue, porém, talvez estivesse certa. Não teria ela, Júlia, se deixado de fato seduzir por aquele belo planeta? Não teria esquecido que sua raça já fora feliz um dia e, durante um ciclo tenebroso, entrara em declínio aparentemente pelo mau uso das emoções?

Fechou os olhos e respirou profundamente. Lembrou-se de seu planeta, tão distante, de seus habitantes, de seus costumes.

Numa fração de segundo, Júlia estava de volta a seu universo, onde toda aquela aventura começara. Simultaneamente aos motivos da pesquisa, recordou, em todos os detalhes, a história do desenvolvimento da consciência de seu planeta de origem.

30

A estrutura da sociedade de seu povo era bem diferente da nossa, embora houvesse alguns aspectos semelhantes. As comunidades situavam-se em vales cercados de montanhas.

A uma distância segura, aquém da linha do horizonte, os habitantes podiam observar poderosos vulcões em pleno funcionamento.

Em decorrência disso, o céu era mais avermelhado que o de nosso planeta. Apesar dos vulcões distantes, podia-se ouvir e sentir o silêncio.

Aves gigantescas cortavam o céu, sobrevoando às vezes as comunidades, e seus gritos ecoavam em grandes extensões. Essas aves eram usadas, por alguns habitantes do planeta, para voar.

Longe, uma cidade. As ruas corriam sobre passarelas brancas, e todas as construções eram feitas de uma espécie de vidro, a maioria de formato piramidal. O ar era puro e fresco, apesar da atividade vulcânica relativamente próxima. Por meio da força do pensamento, os habitantes não deixavam que a poluição dos grandes vulcões invadisse a cidade. Esses habitantes eram altos e trajavam vestimentas brancas que pareciam fazer parte de seu corpo. Não tinham cabelos, e a boca era pequena. Possuíam olhos grandes, escuros e brilhantes.

Os dias eram de uma tranqüilidade inabalável, e todos tinham habilidades que, para eles, eram comuns (como é comum para nós, hoje em dia, dirigir automóveis, trabalhar com computadores ou viajar de avião). Os habitantes daquele plano nem sequer questionavam o desenvolvimento da inteligência para elaborar e entender esses processos, do mesmo modo que hoje também não questionamos profundamente os motivos nem os meios de nossas conquistas. Para aquela raça, tudo provinha de processos científicos confirmados pela lógica do pensamento racional.

No tempo em que Júlia viveu entre os seus também era assim, e o que para nossa realidade atual pode parecer mágico e talvez até impossível era lógico e óbvio para aquele povo. A única diferença estava no fato de que eles haviam alcançado um grau de consciência mais livre em termos da relação existente entre pensamento e ação. O pensamento era um processo profundo e coerente que levava à ação. Conheciam seu poder, assim como também sabiam das responsabilidades que todos esses processos acarretavam.

O pensamento se convertia em energia motora, que avançava além dos limites do corpo. Nesse processo, era também utilizado como força um elemento abundante naquela natureza chamado prana, energia vital ou mesmo energia orgônica. Esse tipo de energia era também abundante no planeta Terra, mas, devido ao aumento da toxicidade da atmosfera, pouco a pouco se tornou escasso entre nós.

No planeta de Júlia, porém, esse elemento estava amalgamado ao pensamento, e, assim, o pensamento era equivalente à matéria. Os habitantes do planeta sabiam que era nesse processo que se tornava possível encontrar o segredo da construção e da destruição de tudo. Tinham consciência de determinados padrões de expansão e manipulação de energias.

Esse elemento é também poderoso na Terra, mas de modo muito mais sutil do que nossa consciência pode perceber.

Todos, no mundo de Júlia, possuíam veículos de locomoção acionados por essa força. Alguns eram mais desenvolvidos. Os habitantes também podiam "vibrar" na freqüência de outros seres, como os pássaros gigantescos, e com eles viajar de um ponto a outro ou simplesmente viver em uníssono com as consciências animais. Tratava-se de uma troca muito intensa e sempre impregnada de respeito recíproco.

Do mesmo modo, animais altamente ferozes passavam pela experiência de tornar-se dóceis quando, de comum acordo, participavam em uníssono das consciências mais "evoluídas", permanecendo mansos durante horas, enquanto as pessoas envolvidas nesses experimentos podiam "vivenciar" os aspectos selvagens dos mesmos animais. Isso determinava uma espécie de fusão de consciências sem que nenhum ser perdesse o próprio referencial.

Graças a todo esse conjunto de pensamentos de comando exteriorizados, os habitantes do mundo de Júlia realizavam e construíam coisas inimagináveis para nosso planeta.

Pouco falavam se considerarmos os padrões de comunicação que conhecemos hoje. A maior parte de suas "conversas" era elaborada por meio de imagens projetadas mentalmente de pessoa para pessoa. Os conhecimentos se transmitiam em blocos energéticos de compreensão imediata.

Todos eram senhores de si mesmos e usufruíam um bem-estar absoluto.

Essa época tornou-se conhecida como a Era Dourada, quando não havia espaço para padrões de desequilíbrio e, portanto, nenhuma forma de doença ou dor existia.

Era interessante observar também que os objetivos visavam sempre ao bem comum de todos os habitantes. Aquilo que chamamos de morte tinha entre eles uma conotação totalmente diferente. Esse povo lidava com a morte, mas preferia designá-la com a expressão pequena morte, que representava as fases de auto-superação ou de transição de vida pelas quais todos passavam.

A pequena morte ocorria quando cada consciência individual passava por momentos de transcendência, ou seja, aspectos antigos morriam para dar lugar a outros, renovados.

Nesses processos, fantásticas alquimias tinham lugar. Muitas vezes, os corpos físicos eram totalmente redimensionados. Desse modo ocorriam os nascimentos dentro dos processos de pequena morte. Tudo era muito visível, posto que a energia do pensamento é que atuava e, portanto, os seres podiam plasmar em si mesmos formas físicas que energeticamente tivessem mais sintonia com seus novos estados de consciência.

No final desses processos, havia festividades para comemorar o "nascimento", ou melhor, a transformação das consciências. Tudo era visto de modo bastante criativo, sem julgamentos.

Os relacionamentos se baseavam na identificação mútua dos seres. Os vínculos eram intensos, e não havia necessariamente a obrigação da projeção de uma vida inteira de união. Essa questão, aliás, nem existia dentro da perspectiva de vida daquele orbe.

As crianças eram concebidas por processos bastante inteligentes para os dias de hoje, pois havia uma depurada consciência coletiva, e os novos seres eram literalmente criados por casais e às vezes também por grupos.

Existiam, então, espaços físicos onde as pessoas, num ato criativo de prazer e amor, geravam novas consciências, que depois de prontas no plano astral eram transportadas por meio da ativação de energia orgônica para elaborar a criação e a condução dos corpos dos seres que se manifestariam como formas físicas naquele planeta. Era algo equivalente ao nosso ato sexual, mas predominava a intenção clara de conceber. A energia sexual era muito intensa, e, como tudo se fazia por prazer, esse ato, como tantos outros, não fugia à regra.

Havia alguns edifícios — verdadeiras comunidades — feitos com grandes blocos de certo material leve, porém resistente, que consistiam em grandes salões de vários compartimentos, onde determinados grupos afins decidiam morar. Eram grupos de um só sexo ou mistos. Nesses lugares, várias crianças cresciam, e todos os adultos se consideravam seus pais ou mães.

Se uma criança fosse gerada e, durante seu processo de crescimento, alguém sentisse fluir um grau de afinidade superior ao dos demais do grupo — e se não houvesse objeções —, seria possível adotá-la como filha afetiva de seu novo parceiro-instrutor. Tais vínculos costumavam ser muito duradouros.

Diversas pessoas trabalhavam com agricultura e arquitetura. Um dos ofícios mais desenvolvidos era a elaboração de elixires feitos com ervas ou pedras preciosas e elaborados por meio de processos de maceração, do sol e do vento. Os seres conheciam o potencial energético das plantas e conversavam com elas também por intermédio de imagens.

Muitos evoluíram bastante na arte de criar e trabalhar com flores. Elas apresentavam uma textura bastante diferente da de nossas plantas. Eram etéreas. Não podiam ser consideradas matéria densa, mais se pareciam com sonhos coloridos de luz que se moviam como se acompanhassem uma dança silenciosa. Não ficavam totalmente fixas no solo.

Havia também, naquele planeta, mares de cor escura que eram o domínio de grandes animais semelhantes a nossas baleias.

Viviam todos como em uma grande aurora. A sociedade crescia livremente, e seus membros andavam tanto em duplas quanto em grupos, raramente estavam sozinhos, e isso se devia aos diversos canais de afinidade que os uniam.

Aprendiam por meio do desenvolvimento e da evolução de suas criações, que podiam ter qualquer forma e expressão possível, pois o poder criativo era inerente ao grau de liberdade que cada um concedia a si mesmo. Para eles, essa questão tinha uma conotação de infinito.

Um "som silencioso" permeava tudo e todos. Um som sagrado e atemporal que dizia respeito à própria existência. Essa "música" demonstrava que alguma força maior dava sentido ao universo interligando tudo o que existia.

A ciência, cultivada com todo o respeito e satisfação, era praticamente um culto.

Nessa avançada sociedade, Tzhana, a iniciada, entrou em extrema sintonia com um parceiro, também iniciado, gerando seu filho, que, após o nascimento, foi criado por outras consciências sem jamais perder o contato com aqueles que o geraram.

Tzhana vivia na era do Grande Templo, onde eram instruídos os chamados "iniciados". Formavam um grupo de inteligências afins e tão coesas que, por vezes, agiam como uma consciência única, sem perder, contudo, a individualidade. Sua meta era o desenvolvimento e o crescimento mental para poder compartilhar a experiência e o conhecimento adquiridos com toda a sociedade.

Os iniciados comunicavam-se, de forma não linear, por meio de imagens criadas e projetadas.

O desenvolvimento deles foi muito além do que se poderia imaginar, e se tornaram mestres de alquimias vindas de todas as faixas vibratórias, além de dominar diversos conhecimentos metafísicos. Com grande satisfação, os iniciados desfrutavam o lazer e as aventuras que esses experimentos proporcionavam. Se alguém manifestasse um processo diferenciado de expansão de consciência, repassava-o automaticamente aos outros membros do grupo. Havia uma vontade irresistível de compartilhar tudo.

A vida seguia seu curso até que, em um tempo indefinido, os participantes dessa escola, por intermédio de sonhos individuais, receberam a visita de certas consciências de outro universo. Era um universo distante, de dimensões desconhecidas. Ansiosos por novas aventuras de conhecimento, os iniciados, ingênuos, travaram muitos contatos.

Assim, repentinamente, um mundo de ilusões, parte integrante e oculta dessa pequena população invasora, começou a dominar as realidades do povo de Júlia. Suas regiões mentais mais obscuras passaram a ser manipuladas, estrategicamente, por esses "visitantes", que se apresentaram como "amigos fraternos".

Esses processos ocorreram a princípio, de modo silencioso, dentro da mente de cada um dos iniciados.

Após conhecer as inúmeras cores e nuances de alguns desses novos amigos, Tzhana foi convidada, metafisicamente, para rever a situação de seu filho, que não residia no templo. Ela o encontrou em condições totalmente diferentes do que vira tempos antes em suas sessões de terapia múltipla. Seu amado filho divagava, extremamente solitário e triste, num estado tão depressivo que nem sequer demonstrava vontade de continuar a viver. Tzhana procurou entrar em contato com o jovem por meio de níveis profundos de consciência, mas ele nem ao menos conseguia recordar que já tivera mãe.

Uma onda de incertezas invadiu de repente a totalidade de Tzhana. Alguma coisa se rompera. Inúmeros medos e incertezas a assaltaram e uma dor profunda destruiu seus movimentos interiores, outrora harmoniosos.

Ocorrências dessa mesma ordem foram gradativamente acometendo os demais integrantes do grupo. Partes obscuras de todos vieram à tona. Disfunções que pareciam totalmente resolvidas retornaram, assustadoramente, revelando outra "face", até então desconhecida, de cada um deles.

Os mestres logo perceberam o rompimento das estruturas energéticas de seus discípulos e, preocupados com aquela ameaça, tentaram a todo custo entrar em contato profundo com os iniciados. Estes, porém, apenas reagiram de forma seca, mantendo-se fechados. Havia dúvidas e incertezas em todos — até que, por fim, passaram a duvidar dos próprios mestres.

O pior, então, aconteceu. Os iniciados atuavam como uma represa que armazenava e distribuía água para toda a sociedade. A represa rompeu-se diante de tanta pressão, e o medo e a incerteza invadiram a mente de toda a população.

O grupo pouco a pouco se voltou para a individualidade absoluta, cada qual vivendo silenciosamente seu inferno pessoal. Os habitantes daquele planeta passaram a ser dominados por dúvidas até então impensáveis. Eram dúvidas sobre a razão da própria existência, que gradativamente extinguiram o aspecto prazeroso da consciência desses diligentes seres criativos.

Como ocorre em todos os planos por causa de uma lei universal, cada grupo de consciências, em consenso, cria uma realidade física, e cada realidade física se relaciona diretamente com a totalidade dessas consciências, inclusive com sua faceta emocional, portanto criadora. É dessa forma que a ordem do pensamento tem, como conseqüência, sua expressão imediata na matéria.

Podemos então concluir que, em meio a todo o desequilíbrio que se instalou entre os habitantes daquele planeta, a natureza, da forma como era concebida anteriormente, também se alterou. Partes escuras surgiram no firmamento e começaram a interferir no clima. Ondas intensas de frio ou calor sucediam-se com grande freqüência. Por fim, todo o desequilíbrio interno dos habitantes acabou por refletir-se, como um espelho, na manifestação do desequilíbrio externo do planeta. Esse fato demonstrou claramente que o mundo exterior e o mundo interior são expressões energéticas da mesma realidade.

As flores, antes tão formosas, perderam pouco a pouco as cores e a luminescência, ao mesmo tempo em que sua textura se tornou mais densa.

Outra mudança drástica foi a destruição da antiga união do povo com os animais. A ligação íntima com os seres de outras espécies tornou-se mais e mais difícil devido à preocupação excessiva consigo mesmos que os habitantes passaram a demonstrar. Naquele padrão de consciência, não existia espaço para nenhuma consideração sobre as mudanças do mundo nem dos animais. Já não havia consciência do que ocorria ao redor.

Como conseqüência, processos de envelhecimento nunca antes observados manifestaram-se em todas as substâncias vivas. Por não encontrar outra saída, as pessoas simplesmente desistiam da vida e acabavam por optar pela morte física. Abandonavam o corpo naquela atualidade e, mesmo no plano metafísico, não sabiam para onde ir. Estranhamente, porém, não se questionavam a esse respeito. Legiões de consciências vagavam pelo espaço à procura de novas criações de corpos com os quais pudessem sintonizar para uma eventual materialização. Tudo o que encontravam, porém, eram sintonias de medo e desilusão. Entre essas consciências, estava o filho de Tzhana, que, como tantos outros, também desistira do corpo físico, dando início a uma longa peregrinação inconsciente pelos universos.

Com a passagem do tempo, os invasores aperfeiçoaram sua capacidade destrutiva. Já não necessitavam entrar em contato individual com os iniciados. Passaram a irradiar freqüências eletromagnéticas invisíveis, que atingiram drasticamente o pensamento de todos. As freqüências estavam repletas de impulsos energéticos que provocavam dúvidas, incertezas e medos, sentimentos outrora inconcebíveis para os habitantes do planeta de Júlia.

Foram inúmeras as tentativas dos Mestres de travar algum contato com essa estranha força alienígena. Todas elas resultaram em silêncio absoluto.

Sabia-se da invasão, diversas reuniões foram feitas com os iniciados, mas o clima sempre era de medo e desconfiança. Os mestres falavam do poder que a autoconsciência podia gerar para o grupo, insistiam que ninguém jamais seria presa de outra mente se estivesse sempre lúcido e confiante, pediam e por vezes até suplicavam que todos buscassem novamente o caminho já aprendido. Mas nada obtinham como resposta, apenas um imenso abismo se abria entre mestres e discípulos. Como resultado, o mesmo tipo de abismo se instalava dentro de cada ser, entre o eu maior e a consciência interna.

Em todo o planeta, aqueles que não desistiam do corpo físico acabavam por fragmentar-se internamente. Surgiram então o pensamento linear e a palavra falada, ambos desprovidos do "eu", do qual conservaram apenas pequeníssimos fragmentos. Eram pensamentos que se formavam por si mesmos e palavras que representavam o medo e a dúvida. Na ausência do "eu" plenamente consciente, teve então início a era cega dos impulsos erráticos.

Num esforço de alinhamento, os mestres conseguiram encontrar-se com as consciências invasoras, e assim chegou o momento do confronto. Eles receberam a presença corpórea desses seres até então metafísicos. Surgiu uma delegação dos alienígenas. As imagens que a princípio apareciam apenas na mente dos mestres manifestaram-se, por fim, fisicamente.

Os seres alienígenas fizeram suas apresentações de modo telepático. Todos se sentaram no chão, formando um semicírculo. Suas vestes eram de cores que variavam do rosa violáceo ao mais puro branco. Os mestres trajavam vestimentas de tons laranja e vermelho, semelhantes às roupas usadas por determinadas linhas budistas e indianas de nosso planeta.

Surgiu então uma grande tela que começou a exibir imagens do futuro do planeta. As cenas mostravam milhares de escravos que trabalhavam na construção de enormes monumentos de adoração. Mostravam também guerras, fome, competição, moedas como fator de troca de bens materiais e mais uma multiplicidade de adventos, todos eles com um traço comum que seria a confirmação da inconsciência coletiva daquela humanidade.

Perplexos, sentindo dores que provinham da alma e chegavam a tornar-se físicas, os mestres ficaram sem entender o motivo daquela invasão, a razão de tudo aquilo.

Como resposta, receberam a seguinte informação telepática enviada por meio de imagens geradas por um dos alienígenas, que se identificou como representante:

"Somos de outra dimensão-realidade. Não podemos nos materializar neste plano devido ao fato de que nossas freqüências vibratórias são distintas das encontradas neste universo. Tudo o que vocês vêem de nós não passa de simulação. Estamos presentes, embora não no conceito que vocês têm de matéria, e nos tornamos visíveis por meio de imagens holográficas. Poderão perceber isso se passarem as mãos através de nós. Percorremos muitos universos antes de chegar aqui e estamos simultaneamente em diversos outros. Nossa proposta é o crescimento de nossa equipe intergaláctica".

Os habitantes do planeta mostraram-se atônitos, e o representante dos invasores continuou:

"Em cada universo que passamos, absorvemos o melhor como alimento e assim nos fortalecemos. Encontramos aqui algo maravilhoso para nós, algo que até agora não conhecíamos nesses padrões".

Ansioso, um dos mestres também "falou" em nome dos seus:

"E qual seria esse alimento?"

Recebeu uma resposta inesperada:

"Vocês são imensamente criativos. Estão em contato com as forças da natureza e sabem manipulá-las por meio da vontade e dos sentimentos. Estamos extraindo isso de vocês e nos alimentamos dessas energias".

Estarrecidos diante da frieza dos invasores, os mestres continuaram a ouvir o representante:

"Seguiremos, como viram na tela, construindo enormes monumentos. Vocês nos adorarão no futuro. Gostamos disso e já estamos preparando as primeiras consciências que desistiram dos corpos físicos para voltar ao planeta sob nosso comando, pois já percebemos que é fácil manipulá-las. De acordo com nossa experiência, quem é fácil de manipular também sabe manipular".

"Mas isso é roubo!", protestou o representante dos mestres. "Vocês estão roubando as pessoas de si próprias! Por que não constroem vocês mesmos seu espaço? Se quiserem, poderemos ajudar, mas libertem nosso povo!"

O representante, indiferente, continuou:

"Além de não haver condições para isso, queremos esclarecer que o medo e o desespero que observamos em seus habitantes também nos alimentam. As emoções em geral nos alimentam. Estimulamos seu povo para que libere as emoções a qualquer custo. Estamos viciados no padrão de energia vital emanado pelas emoções. Essa espécie de caos nos diverte, fazia muito tempo que não encontrávamos seres como vocês. Gostamos de seus jogos, mas suas estruturas são frágeis. Sabemos que já alertaram seus discípulos, mas nossa força parece sobrepujar a de vocês. Sabemos também que a lucidez seria sua melhor arma, mas aqui são poucos os que sabem mantê-la. Muitas facetas obscuras de vocês ainda não haviam sido vistas, e isso foi ótimo para nós. Começamos com os iniciados e agora temos o povo em nossas mãos".

De repente, como num passe de mágica, tudo desapareceu, restando apenas o vazio. A lembrança do ocorrido ficou como um sonho ruim, muito embora tudo fosse real. Era difícil acreditar em tudo o que estava acontecendo...

Chegara o momento de os mestres entrarem em contato com uma força maior para pedir e receber alguma ajuda.

Eles elegeram apenas um representante para canalizar todas as suas forças e entrar em contato com sua dupla consciência por meio do acesso a suas origens celestiais, que estavam muito além de qualquer matéria.

Graças a esse contato, os seres metafísicos que têm sua morada além do que vulgarmente chamamos de quinta dimensão envolveram o planeta. Seguiram-se inúmeras instruções rigorosas, embora amorosas, para enfrentar aquele momento delicado. Como elemento catalisador, o representante dos mestres transmitiu a mensagem dos ancestrais da dimensão superior:

— O espaço encontrado aqui requer uma drástica mudança de nossos objetivos e planos de criação para este planeta. A liberdade de nosso povo está seriamente comprometida. Falhamos mutuamente no que diz respeito a níveis mais profundos de observação e consciência. Fomos ingênuos. Nosso eu ainda não havia entrado em contato lúcido com a energia do amor, e seria por meio dela que poderíamos conhecer uma forma de amor que não aprisiona, não intimida e não destrói. O que aconteceu foi uma inversão de aprendizado. Esses alienígenas astutamente captaram um processo de infância de nosso povo. Estávamos desenvolvendo todos para um saber absoluto, queríamos mais tempo para a absorção de todo o aprendizado.

"Mesmo para os iniciados, essas questões tornaram-se extremamente difíceis de compreender. Todos precisam lidar com o desconhecido. Percebemos que muitos terão condições de sair com êxito dessa difícil situação, mas haverá sérios problemas para aqueles que já começaram sua iniciação no templo e não conseguirem resgatar o grau de autoconsciência que possuíam anteriormente, além do adquirido agora. Tempos difíceis virão para vocês.

"Propomos que todos façam um trabalho retroativo, a começar pelos iniciados. Terão de banir as emoções de sua vida em nome da imunidade contra a invasão desses seres. Foi por intermédio das emoções que os alienígenas danificaram seus sistemas de vida ainda despreparados para receber determinadas informações.

"Aqueles que ainda conseguirem entrar em sintonia com essa nova realidade deverão construir outra sociedade em outro local. Será uma realidade baseada na racionalidade e na lógica, uma sociedade com parâmetros totalmente avessos às emoções, praticamente sem a contemplação dos prazeres da existência. Uma raça assim será desprovida da felicidade como vocês a concebem, porém, em contrapartida, não haverá espaço para a desestabilização pelo canal dos sentimentos. Além disso, nunca mais servirão de alimento para outras formas de vida, como está acontecendo agora.

"O planeta também sofrerá com as conseqüências dessa mudança, e durante muito tempo sua forma física será o reflexo desse povo frio. Um povo consciente, porém vazio de emoções. Não sabemos quando se dará o anúncio de uma nova era. Esse anúncio fará explodir o desejo de conhecimento das dimensões afetivas, do amor, das sensações e das emoções, que com certeza um dia voltarão. E virão em consciências já preparadas para recebê-las.

"Que esse procedimento comece com os iniciados e também se dissemine por toda a sociedade. A previsão é que grande parte das consciências, amarguradas pela dor e pelo desejo de retornar ao antigo estilo de vida, aceite as conseqüências do banimento das emoções. Aquelas que não se sujeitarem, tanto entre os iniciados quanto entre os demais habitantes, perecerão no planeta, que sofrerá intensas transformações.

"Esse procedimento deverá também aplicar-se a vocês, mestres, para que não haja nenhuma brecha por onde os alienígenas possam penetrar.

"Estaremos com todos, como sempre, porém sabemos que, ao longo dos tempos, poucos ousarão fazer contato conosco em nossa esfera superior e muitos se esquecerão de si mesmos nesse aspecto mais amplo de comunicação."

Os mestres, intuitivamente, entenderam o que deveriam fazer. Chamaram os iniciados, todos confusos, para dar a eles uma espécie de chance final de resgate. Um comando sensorial abriu uma enorme tela dentro da mente de cada um.

Imagens foram projetadas nessa tela, e os iniciados tiveram acesso à própria história. Surgiram os primeiros sinais da aurora de sua raça, formas de vida criadas num espetáculo de cores e de luz. Os iniciados abandonaram por uma vez suas dores e angústias existenciais e contemplaram com alegria a beleza da criação e o desenvolvimento de sua raça. Em seguida, com muita clareza, o encontro com os alienígenas foi explicado. Nada ficou obscuro. Até mesmo a energia do amor foi exposta, assim como a criação do bem e do mal com o intuito de tornar-se um agente desestabilizador. As imagens mostraram também o imenso poder emanado da lucidez da autoconsciência.

Os iniciados viram como sua raça se desorganizou com o medo e com o questionamento inútil. Em seguida, acompanharam o que os mestres já tinham visto: toda a destruição de uma sociedade que seria redimensionada para a luta, o poder e a posse com o objetivo de servir de alimento energético para os invasores.

Alguns imediatamente rejeitaram essa visão. Pensaram tratar-se de artimanhas dos mestres para iludi-los. Outros, porém, caíram em si e perceberam como estavam contaminados por sentimentos destrutivos, como a dúvida e a desconfiança.

Entre esses seres, estavam Tzhana e o parceiro com o qual concebera seu filho.

O parceiro era aquele que conhecemos como Professor.

Tzhana e o Professor, cujo nome era Prah, além de outros iniciados, lutaram ferozmente contra si mesmos e contra a influência dos alienígenas. Sabiam, contudo, ainda estar sujeitos a eles, pois haviam sido contaminados pela involução desenfreada que se alastrava em seu planeta. Juntaram-se aos mestres para dar continuidade ao plano. Transmitiram as palavras dos ancestrais superiores a toda a sociedade e, como sempre acontece, conseguiram a adesão de alguns e a recusa de outros.

O planeta sofreu com tantas transformações. Seu eixo começou a modificar-se, causando inundações, terremotos e uma longa e destruidora onda de frio. Esse inverno interminável congelou praticamente todos os corpos físicos do planeta, inclusive dos mestres e dos iniciados.

Alguns dos últimos habitantes puderam presenciar o desaparecimento dos corpos físicos de sua raça. Tzhana e Prah estavam entre eles. Procuravam proteger-se em cavernas frias, pois mantinham pouca energia em seus corpos. Tudo se passou muito rapidamente para nossos padrões de entendimento da linha do tempo.

— Nossa raça está acabando? – perguntou Tzhana.

— Retornaremos e um dia novamente povoaremos o planeta. Temos a nítida sensação do tempo linear, mas no fundo sabemos que tudo é atemporal. Em breve nos reencontraremos em novos corpos físicos. Quando esse momento chegar, com certeza estaremos mais fortalecidos e desenvolvidos.

Antes de perecer, vibraram em uma sintonia que nunca haviam alcançado. Seus corpos simplesmente se transmutaram em matéria etérea.

As consciências adoecidas partiram para outras dimensões, na total semi-obscuridade, mas aquelas que participaram da evolução da raça permaneceram na órbita do planeta, agora desabitado, aguardando o momento de retornar.

Os invasores, por sua vez, viram o fracasso de seus planos e, diante da impossibilidade de alimentar-se da energia daquela raça, desistiram e retornaram ao próprio universo.

Muitos éons se passaram até que algumas formas sobreviventes (pequenos organismos) evoluíram e se tornaram seres mais complexos. E esses seres mais complexos receberam de volta os antigos habitantes do planeta, que vagaram por ele durante muito tempo.

Nesse processo, algumas consciências, atraídas pela busca de outros tipos de conhecimento, não conseguiram permanecer inativas por tanto tempo e partiram para explorar outros universos. Entre elas, estava Tzhana.

Muito tempo depois, uma nova sociedade se formou naquele planeta. Mantinha os moldes antigos com a diferença, porém, de que seus membros traziam em si a informação de que não poderiam desenvolver as próprias emoções. Desse modo, não haveria brechas para que sua civilização fosse invadida nem dominada.

A consciência de Prah passou de corpo físico em corpo físico, sempre conservando sua essência e sempre cônscia de todo o processo, de toda a sua história. Agora era o Professor, aquele que iniciou a pesquisa no planeta azul — um planeta cujos habitantes, mesmo sem saber disso, buscavam o desenvolvimento ampliando sua consciência por intermédio do conhecimento das próprias emoções.

Ele se mantinha em constante diálogo com a consciência chamada André, um ser que, embora não soubesse a razão, lhe era muito familiar...

31

Júlia gradativamente lembrou-se de toda a história de seu planeta, de suas origens e de seus desdobramentos. Esses dados estavam arquivados na memória de todos os habitantes de seu planeta, mas a questão, como bem sabemos, era: seriam eles capazes de ter acesso à totalidade dessas informações? Ela compreendeu claramente por que era tão difícil para Blue e para os outros de sua raça vivenciar as belas sensações do planeta azul. Recordava como sua espécie quase deixara de existir e as conseqüências que isso gerou. Medo, um medo intenso de tudo e de todos foi implantado quando as emoções tiveram de ser eliminadas. Toda essa odisséia acabou por gerar um enorme senso de preservação nos seus. Júlia agora tinha muito mais empatia com a situação.

Ao ver Blue caminhando ao seu lado, coberta de suor, Júlia sentiu grande afeto por sua companheira. Percebeu como as duas eram corajosas. Dentre todos os pesquisadores de seu planeta, foram as únicas que aceitaram as condições e que, de acordo com a seleção feita, estavam aptas a viver no perigoso mundo das emoções, as mesmas emoções que foram a porta de entrada da destruição de seu povo.

Júlia e Blue venceram uma longa subida. Já tinham visto o sol aparecer e desaparecer várias vezes. Não levavam alimentos, mas eram acolhidas pelas pessoas que encontravam durante o percurso. Júlia achava incrível a maneira como várias consciências vibravam no mesmo desejo seu, ajudando-a a criar aquele ambiente.

Exaustas, pararam para contemplar um enorme vale. A luz do sol, já perto do poente, envolveu Blue. Havia dias que se comovia com a beleza do caminho, e já não podia ficar indiferente a tais sensações, principalmente por seu vínculo com Júlia.

Blue virou-se para falar com Júlia. Não sabia bem o que dizer. Talvez, por incrível que pareça, estivesse esboçando um pedido de desculpas. Era impossível não fazer parte daquela maravilha. Ela abriu a boca para falar, mas foi interrompida pela companheira, que sem tirar os olhos do horizonte comentou:

— Acho que é hora de descansar.

Júlia tirou de sua mochila uma toalha e estendeu-a sobre a relva fina. Blue fez o mesmo. Ambas deitaram-se, olhando o horizonte. Um vento refrescante embalava o descanso delas. Em instantes, ambas fecharam os olhos.

O Professor percebeu que existia uma lacuna no pensamento delas. Sabia também que aquela lacuna era necessária. Sabia que muitas partes da mente deveriam estar inconscientes. Lembrava-se (e compartilhou a experiência com seus alunos) da participação de André no episódio em que Júlia e Blue compartilharam as respectivas consciências. Os demais alunos, além de não entender, não gostaram da participação de André. Perguntaram por que o rapaz fizera tudo aquilo, e não o Professor, que de acordo com eles também estava habilitado a executar essa tarefa. Alguma coisa com relação a André ficara obscura, todos notaram isso. Queriam saber os detalhes a respeito da participação dele no ocorrido. Para os alunos, era absurdo o fato de que o sucesso da pesquisa fora favorecido por uma consciência repudiada — que todos sabiam ser fruto de uma ignomínia. O Professor não dispunha de mais informações. Aparentemente, toda a comunicação referente a André estava bloqueada.

Com a consciência que tinha, o Professor preferia deixar as coisas dessa maneira. Se não podia compartilhar esse pensamento com seus alunos, com certeza havia um bom motivo para isso mesmo que estivesse oculto nos confins da memória.

Alguma coisa, porém, o perturbava. O Professor, ou seja, Prah, sabia que uma força interior o convidava a compreender realmente quem era André. Por algum motivo desconhecido, tinha consciência de que chegara a hora de desvendar o mistério. Sabia que, para conseguir isso, precisaria criar um campo de isolamento do grupo para que seus alunos não compartilhassem, a princípio, esse conhecimento. Ele, como todos, tinha repulsa por qualquer ser que se desviasse da pesquisa, pois esse tipo de consciência poderia ser uma grave ameaça à integridade conquistada pelos seus em nome de experiências vividas no universo emocional. De acordo com a tradição, havia a crença de que as emoções tinham sido a causa da destruição de seu planeta. E André era filho de uma dissidente. Dois motivos de repulsa. Mas o Professor, em uma de suas inúmeras reflexões sobre o tema, concluíra que esses motivos poderiam ser infundados. Aquele preconceito talvez impedisse a ampliação da consciência de todos até um novo e desconhecido universo.

O Professor estava aprendendo muito com o caso de Júlia. Ela de fato havia transformado os pilares da pesquisa. Naquele momento, pensava se esse fato não estaria demonstrando justamente que a pesquisa caminhava para outro lado. Um lado "maior", de grande significado, que poderia fazer estremecer toda a estrutura de comportamento de uma raça. Tempos atrás já tinham recusado abertura e auxílio a uma dissidente, a mãe de André. Por que motivo esse fator teria a tendência de se repetir? Perguntava a si mesmo, com freqüência, por que ele e sua raça temiam tanto um possível desvio da pesquisa. E seria esse um desvio? Teriam todos medo da autodestruição? Não seria essa uma excelente e ousada oportunidade de verificar se todos já haviam amadurecido o suficiente para lidar com o novo, o desconhecido, e — por que não dizer — para entrar outra vez em contato com o universo das emoções?

Perguntava-se se ele e seu povo já não estariam prontos para esse desafio. Percebia, de algum modo, que se não ousassem tentar jamais saberiam. Era um risco imprevisível, mas a intuição do Professor lhe dizia que aquele seria o momento. Ele indagava de onde viriam essas intuições. Pensou que poderiam ser geradas pela nova conexão com certos canais de informação havia muito esquecidos e abandonados.

Ele refletia sobre isso e sentia que a resposta estava em André. O rapaz, que influenciara beneficamente o caminho de Júlia e de Blue, estaria naquele momento viajando por outros universos. Precisavam encontrar-se de novo.

Júlia recuperava lentamente a consciência e, à medida que despertava, sentia os músculos cada vez mais doloridos. O pescoço, preso em um aparelho ortopédico, provocava-lhe muita dor. Percebeu que tinha o rosto envolto por uma faixa e que um dos braços estava engessado. O outro recebia soro. Não conseguia movimentar o pescoço e só podia ver um teto pintado de cor neutra. Júlia acordou com o som de uma voz que cantava bem baixinho. Logo percebeu que era Dalva. Ouvira muitas e muitas vezes aquela cantiga. Na certa estava tricotando ao seu lado. Resolveu não se manifestar. Manteve os olhos abertos e se perguntava quanto tempo ficara desacordada e em que condições estaria seu corpo.

Mas Dalva percebeu, entre um ponto de tricô e outro, que Júlia abrira os olhos e soltou um grito de alegria. Aproximou-se, e a jovem conseguiu vê-la. Dalva falava rapidamente e perguntou se estava bem. Em seguida, viu as primeiras lágrimas de Júlia. Contou que todos esperavam que ela melhorasse, que seu filho e seu pai tinham voltado dos países onde estavam e que seu ex-marido também viera e se sentia culpado pelo que acontecera. Ruth aparecia toda noite e durante o horário de almoço para saber de seu estado. Disse, entre lágrimas, que rezava todos os dias a todos os santos para que ela melhorasse.

Júlia sorria ou, pelo menos, tentava sorrir. Não conseguia dizer quase nada porque estava muito fraca e também porque Dalva não parava de falar. Perguntava a si mesma se todas as suas lembranças posteriores ao acidente eram sonhos e delírios ou se Blue existia de fato e sentia exatamente o que ela, Júlia, estava sentindo. Uma enfermeira entrou em seu campo visual, afastando Dalva por um momento. Pediu que ela se retirasse. Ouviu ainda Dalva dizer que avisaria os outros. A enfermeira perguntou como ela se sentia, se estava bem.

Júlia adormeceu logo em seguida.

Desta vez, era uma ponte que atravessava dois vales. Uma linha de trem desativada. André estava sentado no meio da ponte e balançava as pernas sobre o vazio. Contemplava a enorme altura. Lá embaixo, um pequeno rio corria entre os dois morros.

Do outro lado, uma pessoa caminhava pelos trilhos, aproximando-se lentamente dele.

A figura postou-se entre André e o sol. O rapaz cumprimentou o velho conhecido:

— Olá, Professor. Por favor, sente-se.

O Professor parecia um pouco abalado:

— Devo confessar que me sinto um pouco desconcertado — disse ao sentar-se. — Não é fácil assimilar todas as lembranças relativas a você sempre que nos encontramos e depois guardá-las em algum ponto inconsciente de minha memória.

— Concordo. Não deve ser fácil passar por uma série de vivências e depois ser obrigado a esquecê-las.

— Nem tanto. Os humanos fazem isso com relativa freqüência. Quando têm experiências desagradáveis, tentam arremessá-las no que chamam de inconsciente. Costumam também fazer isso toda vez que acordam após uma noite de sono. Mas, para nossa raça, é extremamente difícil lançar pensamentos e vivências no subconsciente. Para nós, tudo isso está sempre presente, basta um pouco de concentração.

— Sei. Vocês, na verdade, quase não usam essa parte da mente, não é? Café?

Fazia frio. Os dois estavam agasalhados e André trazia uma pequena garrafa térmica. Derramou o líquido quente em um copo e ofereceu-o ao Professor.

— Obrigado. — O Professor pegou o copo e aqueceu as mãos. Em seguida tomou um gole que pareceu esquentar confortavelmente todo o seu corpo. — Nossos iguais não têm o hábito de esconder os pensamentos da consciência nem dos outros nem de si mesmos.

— Entendo. Vocês são fortes, acreditam dar conta de tudo.

O Professor sentou-se ao lado de André e também contemplou a paisagem.

— André, você se lembra de suas origens?

— Como?

— Sabe de onde veio?

— Lembro-me de várias existências. Por quê?

— Creio que a pesquisa da qual Júlia e Blue participam ativamente é muito mais importante do que imagino e creio também que você é a chave que permitirá que nosso povo entre em uma nova era de possibilidades.

— Espere, Professor. Seu povo me detesta, todos me rejeitam, sou como uma praga. Sou tão bem-vindo quanto uma dor de dente para os terrestres.

— Talvez tenhamos medo do que você representa. Quem é você, André?

O jovem olhou a paisagem e respirou fundo. Havia muito se perguntava sobre as próprias origens. De fato, a figura do Professor não lhe era estranha. Uma grande amizade nascera entre os dois desde que seu corpo sofrera aquele acidente de avião.

André levantou-se e ficou observando o rio.

— Vamos lá, Professor. Vamos descobrir essa verdade!

— O quê? André, espere!

André segurou o braço do Professor, e ambos saltaram sobre o imenso desfiladeiro.

32

A cama de Júlia estava dobrada para permitir que ela ficasse sentada. Não podia ainda receber muitas visitas de uma só vez. Após a saída de Dalva, reviu o filho, Rodrigo. Ele a abraçou. Em uma demonstração rara de afeto, ouviu o adolescente pedir desculpas por não estar presente junto dela e também o viu chorar, como fazia quando era pequeno. Em seguida veio seu pai, e Júlia notou que ele estava envelhecido. Imaginou como a viagem devia ter sido difícil para o pai. Era ela que, anualmente, o visitava no exterior. Depois veio Ruth, que se sentia culpada por não ter impedido a amiga de cometer aquela loucura de saltar de pára-quedas: "Que absurdo! Nunca vou me perdoar". Júlia ouvia tudo aquilo, mas parecia distante. Ainda via aquele pôr-do-sol da realidade que criara. Foi preciso fazer um esforço enorme para aliviar a culpa da amiga. Ruth então abriu a bolsa e lhe entregou uma série de cartões enviados pelos colegas do banco. Por fim, após a saída de Ruth, Ronaldo entrou, receoso.

— Olá, Júlia.

— Ronaldo.

Júlia estranhou a presença dele. Percebeu que também se sentia culpado pelo acidente. Esforçou-se para fazê-lo entender que não tivera culpa nenhuma. Aquelas visitas cheias de culpa já estavam irritando Júlia. Os seres humanos eram engraçados: seus excessos emocionais por vezes os faziam sentir-se onipotentes, como se tivessem o poder de tirar a determinação de Júlia de pular de pára-quedas. Essa onipotência, por sua vez, é que gerava as culpas desmedidas.

Todas aquelas cenas a cansaram, sem contar que todos se achavam no direito de tomar conta dela, acreditavam realmente que poderiam tê-la impedido de fazer o que fizera, como se não fosse responsável por seus atos.

— Está bem, Ronaldo. Não foi culpa sua. Como tem passado? Ainda está com sua enfermeira?

A pergunta pegou Ronaldo de surpresa. Saíra de casa havia algum tempo para mais uma aventura. A esposa estava cada vez mais distante, assim como ele próprio. Fora fácil cair na tentação de namorar uma mulher mais jovem, repleta de atenções com um homem maduro. Júlia percebera que o abismo aberto entre os dois não podia ser resgatado e, assim, separaram-se.

— Nós... nós estamos bem.

— Eu fico feliz por você, Ronaldo.

Era verdade. Sentia grande compaixão por aquele homem. No fundo sabia que ele fora manipulado por forças que não podia controlar. E agora tinha consciência de todas as maquinações de Blue, do Professor e de sua equipe.

— E o hospital?

Ronaldo começou a falar de uma nova ala, pela qual seria responsável. Estava muito animado. Em determinado momento, Júlia desligou-se de suas palavras e "ouviu" uma voz mental. Um estranho diálogo teve início enquanto o ex-marido falava de sua nova ala:

"Sabia que nós fizemos Ronaldo encontrar você, não é?"

"Sim. Sabia disso antes ainda de conectar minha consciência a este corpo."

"E não se incomoda?"

"Ninguém se incomodou no momento em que isso foi planejado. Ninguém se incomodou pelo fato de manipular não apenas esta minha existência como também a de outras pessoas. Além de Ronaldo, a experiência de vida terrena de André também foi interrompida!"

"Não entendo!"

"O que você não entende, Blue?"

"Como pudemos manipular as pessoas desse modo, sem levar em conta alguns fatores."

"Que fatores?"

"Fatores de relacionamento, por exemplo! Fomos pragmáticos e não nos preocupamos com a saúde de seu relacionamento."

"Você quer dizer que não levaram em conta o fato de eu não amar Ronaldo?"

"Amar?"

"Sim, amar."

— Júlia, você está me ouvindo?

— Desculpe, Ronaldo. Eu me distraí um pouco. Acho que bati a cabeça com muita força.

— Eu é que devo pedir desculpas. Estou aqui falando feito um tagarela.

Nesse momento, entrou a enfermeira e disse gentilmente, mas com firmeza:

— Desculpe, senhor, mas a paciente precisa descansar.

— Já estou de saída.

Ronaldo e Júlia olharam-se por alguns instantes.

— Rodrigo não quis ficar em minha casa...

— Não se preocupe. Tenho certeza de que Dalva está cuidando bem dele.

— Sei...

Ronaldo parecia querer dizer mais alguma coisa. Vendo Júlia enfaixada naquela cama, sentiu-se muito próximo dela. A determinação da esposa o deixara um pouco acuado, mas ali ela parecia muito frágil. Tinha toda uma história com aquela mulher, inclusive um filho:

"Ele tem um forte vínculo com você".

"Eu sei."

"E você também, mas é um vínculo diferente."

"Blue, eu nunca quis ficar com ele. Ajudei a planejar isso, mas no decorrer desta existência descobri que teria estabilidade, e nunca felicidade, ao lado desse homem. Talvez ele sentisse o mesmo."

"Felicidade? Amor? Essas palavras parecem ter agora um sentido diferente para mim."

"Que bom, Blue, que bom."

— Júlia...

— O que foi, Ronaldo?

— Eu...

— Ronaldo, não precisa dizer nada. Já disse que você não teve culpa de nada. Não teve mesmo!

— É que...

— Estou um pouco cansada.

— Tudo bem. Desculpe. Eu... posso voltar outro dia?

— É claro.

— Obrigado.

Ronaldo aproximou-se da mulher com a qual já tivera tanta intimidade e não sabia o que fazer. Segurou sua mão:

— Força, Júlia.

— Obrigada.

Em seguida, retirou-se. Júlia sabia que ele queria dizer mais alguma coisa.

"Você impediu que ele dissesse o que queria dizer."

"Tive medo do que ele queria dizer."

"Eu senti seu medo."

"Eu me coloquei no lugar dele. Não é nada fácil para Ronaldo lidar com situações de vida predeterminadas que ele mesmo desconhece. Além disso, ele não as escolheu. Seus sentimentos são conflitantes e ambivalentes. Ronaldo é um bom homem."

— Este lugar me é familiar.

Os dois estavam em uma praia de areia límpida sob um imenso céu azul.

O Professor ficou impressionado quando percebeu onde estava.

— Por que me trouxe aqui, André?

Após a queda, André e o Professor foram transportados para outra realidade.

— Assim que sofri o acidente, esta foi minha primeira lembrança. Foi uma de minhas existências. Lembro-me de que era extremamente consciente. Mas alguma coisa aconteceu e, de repente, me vi perdido no espaço, durante muito tempo, até chegar a existir como André.

O Professor tentava processar um intenso movimento íntimo. Estava contemplando aquela que fora sua cidade muito tempo antes. Uma cidade com vulcões e plantas etéreas.

— Professor, por favor, sei que conhece, que sabe, me diga que lugar é este?

Ele olhava o ambiente. Várias imagens surgiam diante dos dois, algumas vezes como se fossem projetadas em câmera rápida. Cada imagem mais significativa ganhava um tempo "normal".

— André, estamos em sua mente — disse o Professor. — Deixe-a fluir livremente. Ela nos mostrará o que tudo isso significa para você. — Ele continuou após respirar longamente: — E mostrará a mim significados que desconheço...

As imagens eram processadas rapidamente. André viu-se cuidando de animais. Além disso, compartilhava sua consciência com eles. Essa capacidade pertencia a membros muito antigos da raça de Prah.

Prah viu as mesmas cenas. Com enorme perplexidade, descobriu que aquele ser, cuja raça desprezava, era, na verdade, um dos seus. E um dos mais evoluídos, pois, apesar do fato de quase toda a sua gente dominar essa técnica, poucos demonstravam tamanha desenvoltura quanto André naquele momento.

Naquela realidade antiga, na qual compartilhava sua consciência com um enorme pássaro doente cuja raça se extinguira no tempo em que Prah se tornara o Professor, André notou que recebia uma visita. O Professor percebeu, de imediato, que conhecia aquela consciência que ternamente se aproximava do rapaz.

André observava o pássaro que ajudara enquanto voava sobre as fortes ondas. Sorriu, feliz, ao sentir aquela mão que tocava seu ombro. Era a consciência que o havia gerado. Sua mãe.

Tzhana.

33

Por fazer parte dos iniciados, Tzhana entregara a criação do filho a um grupo de pessoas que se encarregaram dos cuidados e da formação dele. A mãe o visitava regularmente, e ambos sentiam imenso carinho um pelo outro.

Os dois se comunicavam por blocos, e essas informações foram compartilhadas simultaneamente pelo Professor e pelo próprio André, embora em outra época:

"Meu filho, seu trabalho e seu dom me deixam muito feliz".

André (que não se chamava André naquele tempo) demonstrou uma "onda" de agradecimento recebida com prazer por Tzhana, que continuou:

"Queria lhe falar pessoalmente. Estamos entrando em contato com uma nova raça, um grupo de seres que têm muita curiosidade com relação a nossos sistemas de vida. Nós também estamos motivados a conhecer essa nova raça, que aparentemente tem muitos conhecimentos a nos passar. Acreditamos que a experiência será rica para ambas as partes".

Incrédulo, o Professor estava espantado como raras vezes ficara. Assistia, naquele momento, ao início da invasão dos alienígenas a seu mundo. Tzhana usava sua extrema sensibilidade para tentar prever o que viria.

O filho de Tzhana viu uma ponta de dúvida naquela que o gerou e passou-lhe seu pensamento:

"Apesar da euforia, percebo preocupação em seu olhar".

Ela assentiu:

"Todas as precauções estão sendo tomadas. A raça não aparenta ser hostil, mas pode acontecer algo imprevisto. Algo que..."

Poucas vezes o filho de Tzhana vira preocupação em seu semblante. Aquela era uma delas:

"Enfim, se algo acontecer, nós, os iniciados, seremos os primeiros a sofrer porque somos o elo de comunicação com todo o nosso povo. Se algo de ruim nos acontecer, temo que você seja atingido em seguida, pois, como sabemos, o laço que nos une é muito forte".

O filho de Tzhana ficou perplexo diante daquela informação. Ela continuou:

"Se alguma coisa danosa e imprevista acontecer conosco, peço que desapareça daqui. Vá para algum local distante, para outro universo. Você sabe da existência de vários universos. Mesmo que seu corpo físico se desmaterialize, você já tem maturidade para saber que sua essência é eterna. Uma alma evoluída como você encontrará abrigo em algum lugar, em algum tempo, em algum universo".

Ele gostaria de tranqüilizar a mãe, pois aquela era apenas uma possibilidade muito improvável, mas a onda de comunicação de Tzhana prosseguiu:

"Sinto que você já é, mas, em outro tempo talvez muito distante deste, ainda será muito mais valioso para nossa raça. Não podemos desperdiçar isso. Desejo selar um pacto com você: se alguma tragédia acontecer, partirá imediatamente de nosso planeta".

O filho de Tzhana achou pouco provável que acontecimentos tão nefastos ocorressem, mas respeitava a sensibilidade da mãe:

"O pacto está selado".

Tzhana sorriu, reconfortada. Em seguida perguntou ao filho como havia curado aquele pássaro que agora voava sobre os dois em evidente sinal de agradecimento. Uma onda de energia envolvia mãe e filho naquele ambiente.

Em seguida, as cenas se projetaram em movimento acelerado. André e o Professor observaram o assédio ao planeta e a forma como todos os habitantes foram contaminados. Assim como previra Tzhana, seu filho foi um dos primeiros atingidos e começava a manifestar processos de medo, angústia e incerteza.

André viu a si mesmo enquanto caminhava naquela mesma praia, já inconsciente do processo de assédio pelo qual passava. Viu a própria energia vital ser sugada por aqueles seres hostis. Fraco e sem perspectivas, o filho de Tzhana agarrou-se a uma última lembrança: o pacto feito com a mãe. Naquele momento, abandonou a existência física. Seu corpo pereceu e sua consciência, enfraquecida, partiu em busca de outro universo. Um universo de outro tempo, onde pudesse revigorar-se sem perder a própria essência.

Muitas eras depois, o filho de Tzhana entrou em sintonia com a cantora no momento de sua concepção e se tornou André.

As imagens se dispersaram e André se viu com o Professor na mesma praia em que o filho de Tzhana havia curado o pássaro. Ambos estavam sozinhos. A única testemunha daquela conversa era justamente o pássaro recém-curado.

— Que planeta é este? Por que motivo realizamos juntos esta experiência?

O Professor olhou por um momento o horizonte:

— Este era meu planeta muitas eras atrás.

Observou então o pássaro curado por André. Sem dúvida, naquele momento, essa era uma realidade criada por sua memória mental.

— Essa experiência se realiza para que tenhamos consciência de que você foi meu filho naquela época — meu e de Tzhana.

O pássaro finalmente deixou de sobrevoar os dois e pousou na areia.

34

O impacto do sol ofuscou a visão de Júlia. Ela acabara de sair do hospital sentada em uma cadeira de rodas conduzida por Dalva. De um lado, seu pai, e do outro, seu filho. Estavam na entrada do hospital aguardando o carro que os levaria para casa. Ronaldo ofereceu-se para transportá-la, mas Júlia educadamente recusou a gentileza. Estava feliz agora, mas ainda muito esgotada pela longa permanência no hospital. Adoraria ter em mãos uma máquina fotográfica para registrar sua pequena família naquele momento de retorno à vida.

No táxi, Júlia recostou a cabeça no vidro da janela e contemplou a cidade mais uma vez, como fizera muito tempo antes, quando rumava para o aeroporto na companhia de André.

A fraca luz matutina causou-lhe uma extrema letargia, e em poucos segundos adormeceu, embora permanecesse totalmente consciente durante o sono.

Júlia viu-se, naquele pôr-do-sol, no momento em que concordara com Blue e ambas decidiram retomar o corpo físico. Despertou com o rosto na grama. Ao seu lado, sentada em uma pedra, sem tirar os olhos do sol poente, estava Blue.

"Vou partir, Júlia."

"Partir?"

"Vou abandonar o projeto, ou melhor, propor sua reformulação."

"Você? Que tipo de reformulação?"

Blue respirou fundo e olhou severamente para Júlia, mas sem a intenção de atingi-la. Ao falar, parecia olhar para si mesma:

"Planejamos em conjunto a operação de análise da característica humana relativa ao universo das emoções. Julgamos que fosse uma raça cujo estágio de evolução estivesse em um patamar inferior ao nosso, com suas guerras, suas angústias e seus medos. Mas agora, tomando conhecimento do que é um ser humano e vivenciando tudo o que você passou, eu não tenho mais condições de seguir adiante com o projeto. Preciso de respostas e sei que não as encontrarei aqui, não enquanto compartilhar com você a mesma existência. Devo aprender, experimentando eu mesma a realidade humana, como é o convívio com as emoções, como lidar com elas e principalmente como senti-las sem, no entanto, deixar que tomem posse de mim e controlem minhas atitudes. Necessito de uma existência própria, e por isso vou partir".

O olhar de Blue se enterneceu:

"Não sei o que acontecerá quando retornar aos nossos com essas idéias. Não sei quando nos encontraremos novamente, minha amiga".

Júlia compreendeu que a beleza da vida humana também afetara a companheira. Blue continuou:

"E eu sou grata a você. Talvez, se seguíssemos o projeto original, eu não tivesse essa consciência. Continuaria por um caminho frio que não me levaria a nada além de um acúmulo de informações que nunca vivenciaria de modo verdadeiro".

Blue olhou novamente o horizonte:

"Espero que, quando nos encontrarmos novamente, tenhamos consciência de tudo o que nos aconteceu".

Júlia pousou uma das mãos no ombro da amiga:

"Se não tivermos consciência, pelo menos sentiremos".

"Espero que você possa dar jeito em todos os desvios que causamos em sua vida."

Júlia assustou-se. De fato, tinha uma vida, tinha um caminho percorrido. Poderia retomar a vida que realmente desejava? Poderia reorganizar-se a partir do ponto em que sua vida se desviara do caminho que ela mesma teria escolhido?

"Até logo, Júlia."
"Até logo, Blue."

Júlia acordou no carro. Notou que Blue não mais estava com ela. Sentia-se também mais fraca. Já não podia contar com a força de Blue. Entrou amparada em sua casa. Dalva a ajudou a deitar-se na cama. Assustou-se com a repentina fraqueza de Júlia, mas o pai disse que ela estava bem e apenas precisava descansar.

Ela pensou que seria bom dormir. Seria bom pensar na possibilidade de reencontrar André.

A última imagem que viu foi a de sua pequena família ao redor da cama.

— E agora, Professor? Devo chamá-lo de pai?

— Se quiser. Isso vai mudar alguma coisa entre nós?

— Não sei. Acho que não. O que vamos fazer com essas informações?

O Professor pensou por um momento. O pássaro que André havia curado muito tempo antes estava agora em uma árvore, perto da praia, e queria alçar vôos distantes, como era de sua natureza.

— Creio que preciso informar aos meus que a pessoa mais temida entre nós, surpreendentemente, pode ser nosso elo entre o passado e o presente.

André fez um comentário simples e o Professor concordou com ele:

— Isso representa muita coisa.

— Eu também acho.

Sentaram-se na areia e, como Júlia e Blue, contemplaram o pôr-do-sol.

— Eles vão acreditar? — perguntou André.

— Não é uma questão de acreditar ou não. É um fato. Saberão disso assim que tiverem acesso a minha mente. Compartilhamos os pensamentos, você sabe.

— Sei. E depois, o que vai acontecer?

— Eles saberão que você é um antepassado nosso. Saberão que é uma consciência híbrida. Veja bem, André, nossa raça, por tudo o que passou, julgou que as emoções fossem um caminho de destruição e por isso baniu de sua existência, a duras penas, tudo o que pudesse ser qualquer forma de sentimento. Nesse processo de transmutação, acabamos por considerar as emoções uma ameaça, um vírus que deveria ser examinado a distância, em laboratório. A ordem era nunca permitir a menor possibilidade de contaminação.

— E Júlia foi uma tentativa de experimentar mais de perto esse "vírus".

— Exatamente. Criamos uma verdadeira aversão pelas emoções. Tudo o que observávamos, talvez devido ao imenso medo que sentíamos, parecia confirmar nossas convicções em relação ao universo dos sentimentos, e elas foram comprovadas quando examinamos o planeta Terra, sempre cheio de disputas e destruição.

— E agora...

— Neste momento, parece necessário mudar nosso enfoque. Totalmente. Agora vejo com outros olhos a experiência de Júlia e a opção da cantora. Vejo tudo por outro ângulo, principalmente depois de ter entrado em contato com você. Quando seu corpo pereceu, você manteve sua essência. Ficou fraco e vagou durante muito tempo, mas aqui está, são e salvo. Você é um dos nossos. Um dos nossos, e viveu em plenitude um ciclo durante o qual apenas desejamos, mais do que nunca, retornar a nosso planeta. Parece que todo o objetivo da pesquisa sempre foi nosso resgate interior. Vagamos por eras a fio sem que nos sentíssemos inteiros, sempre faltava algo. Todos nós sabíamos disso, só não sabíamos o que faltava.

— Mas não é possível voltar ao passado.

— O tempo, como você o conhece na Terra, não existe. Graças a você podemos retomar nossa evolução. Você viveu numa época de harmonia que foi abalada por seres hostis. É chegado o tempo de novamente lidar, nós mesmos, com nossas emoções, mas desta vez com mais precaução e consciência de nós mesmos, evitando novos ataques.

— E o que devo fazer?

— Assim que os nossos compartilharem minha consciência, deixe que compartilhem a sua também, André.

— Você sabe que eles nunca aceitarão essa idéia.

— Faremos tudo em etapas. Vamos primeiro deixar que assimilem minha consciência. Entrarei em seguida em contato com você. Isso pode demorar muito tempo. Depende do consenso de várias consciências e também de sua vontade, que será parte fundamental do processo. Se você ficar onde está, neste plano, o tempo será irrelevante. Em outro universo, como o da Terra, talvez seja necessária toda uma eternidade. Não posso prever esse aspecto. Por isso, André, eu preciso saber: o que você deseja fazer?

André pensou. Sentiu que uma grande responsabilidade pesava em seus ombros.

— Eu quero ficar com Júlia.

Júlia viu-se em uma praia. Longe havia duas figuras indefinidas. Ela caminhou em direção a elas. Mesmo sem conseguir distingui-las bem, sentia que eram familiares. Parou por um momento ao reconhecer André e o Professor. Em seguida, continuou caminhando com passos largos.

Uma onda de energia uniu André e Júlia. Embora se encontrassem no mesmo espaço e no mesmo "tempo", não ocupavam corpos físicos como conhecemos na Terra. O Professor e André estavam em um tempo, Júlia surgiu de outro, com outro tipo de corpo. Além disso, é claro, o pássaro que André curara estava ainda em outro tempo. Mesmo assim, um raio de luz intensa ligava todos nessa interessante conferência.

— Olá, Júlia — disse o Professor. — Vejo que Blue não está mais com você. Para onde ela foi?

— Voltou para nosso planeta.

— Compreendo. Ela dificilmente conseguiria continuar na missão após entrar em contato com sua existência do modo como entrou.

— Lamento.

— Não lamente. Entrarei em contato com ela enquanto vocês dois conversam.

Após essas palavras, a imagem do Professor desapareceu.

André e Júlia entreolharam-se. Os dois sorriam.

35

O Professor pensou em Blue e a encontrou em seu planeta, no meio de um vale rochoso. "Uma paisagem bem áspera", pensou ele, observando os pensamentos de Blue.

A angústia dela era agora visível. Não se sentia mais um ser de seu planeta. Já não conseguia entrar na sintonia de seus pares. Refugiou-se, portanto, no vale.

As informações entre ambos foram trocadas em bloco:

"Você desprendeu-se do projeto, mas já não consegue agir como antes, já não pensa como antes. Você, de fato, tornou-se outra pessoa".

"Mas quem é essa nova pessoa?"

"Isso só você pode descobrir. E sabe como."

Ela ficara tão envolvida com suas angústias que ainda não prestara atenção nas informações que estavam na mente do Professor. Quando por fim fez isso, essas informações chegaram como uma onda.

"André é um dos nossos?"

Ela compreendeu tudo imediatamente.

"Eu entendo."

Blue pareceu ainda mais triste.

"E fizemos tanto para tentar afastá-los. Fomos tão estúpidos que não conseguimos compreender a força que unia os dois. Era como uma história que precisava de desfecho e nós sempre o adiamos. Preferimos seguir com nossos objetivos, sem perceber que eles já estavam ultrapassados."

"Esse é o preço da má interpretação dos fatos. E o fato é que os dois têm uma profunda ligação. Como não haveria de ser assim? Ambos são do mesmo planeta, embora de épocas diferentes."

O Professor continuou:

"Mas agora estou preocupado com você, Blue. Em breve todos saberão quem é André e seguiremos nossos caminhos de evolução baseados nesse conhecimento. Mas você, Blue, o que pretende fazer?"

Blue pensou por um momento:

"Desejo descobrir-me. Quero saber quem eu sou".

Enquanto o Professor conversava com Blue, Júlia recebia em sua consciência todas as informações que ele e André haviam acabado de descobrir. Júlia estava admirada com a revelação.

— É isso, Júlia. Somos do mesmo planeta. Nossos conterrâneos nos afastaram por medo de que nosso envolvimento um com o outro pudesse atrapalhar o tal projeto.

— Você percebe que é um elemento muito importante para nossa raça?

André olhou o horizonte.

— Sim, e sei também que vai dar um trabalhão conversar com esse povo.

Júlia sorriu. Apesar da responsabilidade, ele não perdera a jovialidade. André continuou:

— Júlia, o Professor me disse que falará com os seus e eu serei informado. Ele provavelmente me pedirá para falar com eles também.

— Com certeza.

— Mas tudo isso começou porque nós nos encontramos naquele show de minha mãe. E nós tivemos tão pouco tempo...

Júlia sentiu-se estremecer.

— Podemos continuar do ponto em que paramos.

Ela temia ouvir isso. Tinha um filho, uma família, uma vida estabelecida. Muitas glórias e muitas dores, mas era sua vida. Perderia tudo se optasse por ficar com André?

Ele entendeu a preocupação de Júlia:

— Estamos em um momento decisivo, Júlia. É provável que um aspecto de sua consciência escolha voltar para sua família, seu filho, seus amigos. Outro seguirá comigo. Você não vai abandonar ninguém. Eu mesmo devo continuar com meu corpo naquele coma durante muito tempo. Não se culpe por suas decisões. A questão é que somos eu e você agora. O que deseja?

— Eu quero ficar com você, André.

André a abraçou. A energia que envolvia os dois tornou-se uma só. Nascia uma nova realidade para ambos. Abraçavam-se em essência. Júlia, mais do que nunca, queria sentir o corpo físico de André, mas ali não era possível. Estavam em uma dimensão de pensamento na qual a matéria originada do carbono jamais poderia existir.

Os dois observaram a paisagem diante deles. O mar quebrava suas ondas na praia e o pássaro de André os sobrevoava, como se abençoasse aquele momento de pura entrega de duas consciências a si mesmas. Ambos fecharam os olhos e se sentiram distantes de tudo aquilo. Soprava uma espécie de brisa musicada jamais ouvida antes, pois havia nela matizes exclusivamente deles. Júlia e André visualizaram outro local, outro tempo, outro universo.

O Professor finalmente se juntou aos seus, e logo todos compartilharam a onda de pensamentos que se dirigiu a cada habitante do planeta. Graças ao compartilhamento, todos já conheciam os objetivos da pesquisa e agora sabiam também o que significava o fato de André ser um deles, um dos antigos.

Todos também haviam julgado que André representava uma ameaça para a pesquisa e, por isso, sofreram grande impacto ao saber que ele era o último representante de uma era de glória que todos desejavam retomar.

Muitas opiniões surgiram, e quase todas divergiam. Alguns queriam que a consciência de André continuasse a ser devidamente ignorada, como sempre fora. Outros preferiam que a pesquisa cessasse e Júlia voltasse ao planeta para evitar riscos. Outros ainda pediam o retorno imediato de André.

O Professor foi levado a seus superiores. Ele então expôs suas idéias a quem quisesse captá-las:

"Toda as raças passam por transformações. Chegamos a um ponto em que precisamos escolher. Creio que a evolução se tornou, neste momento, inevitável e irreversível, quer queiramos, quer não. Alguns vão ignorar essa nova informação. Outros vão aceitá-la e por certo aprenderão com ela. Mas a experiência mostra que é impossível negar a realidade por muito tempo. Não sei como lidar com as emoções. Mas, no tempo devido, elas farão parte de nossa vida novamente".

A declaração provocou profundas repercussões em todo o planeta. Algumas foram de concordância, outras de total rejeição. Outras ainda sugeriram discretamente que a consciência do Professor deveria abandonar o planeta.

Diante desse panorama, ele concluiu que sua raça nunca abandonara as emoções, apenas as ignorara.

"Será um longo caminho", pensou o Professor.

36

Júlia abriu os olhos lentamente. A primeira percepção que teve foi de estar em movimento. Ao abrir os olhos, viu uma luz fraca, vinda de um raio de sol que se refletia no vidro das janelas dos prédios mais altos. Uma brisa suave entrava pela janela do táxi. Olhou os prédios em volta. Era uma bela manhã. Sentiu que seu corpo se apoiava em outro corpo, sentiu o toque de outra mão na sua. Teve medo, mas mesmo assim se voltou para ver quem a tocava. O rosto de André estava bem perto do seu e sorria para ela.

Fechou depressa os olhos. Teria sonhado? Lembrava-se com clareza de toda a sua vida. O filho, as pessoas que encontrara, o trabalho, Blue, o outro universo, onde fazia parte de um grande projeto. Agora estava ali, adolescente, sentada no banco de um táxi, a caminho do aeroporto, onde deixaria André, o rapaz que conhecera algumas horas antes.

Quando abriu novamente os olhos, André continuava a sorrir:

— Eu não disse que existiam várias possibilidades?

Em seguida, fechou os olhos e recostou-se no ombro de Júlia. Ela, por sua vez, queria cobri-lo de perguntas. André era a única pessoa "palpável" que participara de toda a sua aventura. Mas, ao vê-lo relaxado, resolveu relaxar também, acalmando as dúvidas e inseguranças entre uma respiração e outra. Voltou a contemplar a manhã. Sentia-se mais viva do que nunca.

"A manhã mais linda que já vi", pensou Júlia.

No aeroporto, ambos ficaram olhando os aviões que subiam e desciam. Júlia estava triste.

— Você tem medo de que a gente não se veja mais?

Júlia sabia no íntimo que aquele avião cairia. Mas era só um pensamento. Não podia expor essa idéia a André. Ele acharia uma loucura. Ela mesma pensava assim.

No portão de embarque, trocaram o último olhar.

— Obrigado.

— De nada. Você vai ficar bem?

— Depois de hoje, vou ficar ótimo!

Trocaram um beijo muito suave, um beijo com sabor de eternidade.

Em seguida, em vez de afastar-se, André segurou com firmeza a mão de Júlia.

— Vem comigo?

— O quê?

— Venha comigo ao show.

— Mas eu...

— Vamos, eu dou um jeito. Deve haver passagens ainda. Venha.

— Não posso. Eu...

Ela pensou em uma série de desculpas.

— Venha, Júlia. Vamos experimentar essa possibilidade.

Enlaçou o pescoço de André e o beijou. Ambos correram, em seguida, para conseguir uma passagem.

André e Júlia olhavam a paisagem novamente, desta vez da janela do pequeno avião. Ainda era cedo e sobrevoavam o litoral.

"Que praia linda!", pensou Júlia.

E o avião seguiu seu rumo, sem cair.

O show teve lugar no centro de um grande parque. Um calor intenso tomava conta da multidão. Júlia, embora convidada a assistir tudo de camarote, preferiu ficar na platéia.

Em determinado momento, caiu uma chuva torrencial. Alguns procuraram abrigo sob os toldos ou as árvores. Mas a grande maioria dançava na chuva.

Júlia, que usava um vestido emprestado da cantora, estava entre os que dançavam e deixava a água limpar seus poros, como uma grande bênção. Descalça, sentia nos pés a grama encharcada. Estava em êxtase.

André, do palco, notou que ela se destacava da multidão. Era uma das visões mais belas de sua vida.

A água refrescava todos os poros de Júlia, que sabia ter uma longa vida pela frente ao lado do homem pelo qual sentia a emoção do amor.

Epílogo

Em certa cidade localizada nos confins de um imenso país, no meio de uma vegetação muito densa, um pequeno feixe de luz saía da janela de uma casa situada na margem de um rio caudaloso.

Dentro da casa, a luz fraca de um lampião iluminava uma mulher que estava em trabalho de parto. Um homem, seu marido, dava-lhe assistência nesse momento exaustivo e difícil. Ele era o único ser humano que poderia ajudá-la. A comunidade mais próxima estava a centenas de quilômetros rio abaixo.

A certa distância, no único cômodo da casa, a chama fraca do lampião iluminava o rosto de três crianças pequenas, que observavam, curiosas, sem entender muito bem o que ocorria, a chegada de mais um irmãozinho.

Os gritos da mulher inundavam a noite e se confundiam com os raios e trovões da chuva lá fora, que penetrava em gotas pelo teto rústico.

Em breve, os gritos se transformaram em suspiros de alívio. Nos braços de um orgulhoso pai, uma criança dava seus primeiros vagidos.

— É menina.

Ele, em seguida, acomodou a criança nos braços da mãe, suada e exausta.

A mulher contemplou a filha em seus braços. Por um momento, o corpinho parou de agitar-se e os olhinhos azuis fitaram a mulher sem saber que aquela era sua mãe.

Uma sensação de carinho e aconchego tomou conta da criança.

Uma longa vida repleta de emoções a esperava.

São Paulo, janeiro de 2006

CONTATO COM A AUTORA
e-mail: silvimack@gmail.com

ESTE LIVRO FOI IMPRESSO PELA PROL GRÁFICA
EM PAPEL *OFFSET* 75 G.